WALTER ELLIGER

Außenseiter der Reformation: Thomas Müntzer

Ein Knecht Gottes

VANDENHOECK & RUPRECHT IN GÖTTINGEN

WALTER ELLIGER

geboren 8. 12. 1903 in Heppens (Kr. Wittmund).
1930 PDoz. in Halle, 1934 Prof. in Kiel, 1936 in Greifswald, 1950 Prof. f. KG, christliche Archäologie u. kirchl. Kunst in Berlin (Humboldt-Univ.), 1963 in Bochum.
Buchveröffentlichungen: Die Stellung der alten Christen zu den Bildern in den ersten vier Jahrhunderten, 1930; Zur Entstehung und frühen Entwicklung der altchristlichen Bildkunst, 1934; Luthers politisches Denken und Handeln, 1952; Thomas Müntzer, 1960; 150 Jahre Theologische Fakultät Berlin, 1960; Die evangelische Kirche der Union, 1967 (MV); Thomas Müntzer. Leben und Werk, 1975. Zahlreiche Beiträge in wiss. Handbüchern u. wiss. Zeitschriften.

Kleine Vandenhoeck-Reihe 1409

Umschlag: Hans-Dieter Ullrich.
Gesamtherstellung: Verlagsdruckerei E. Rieder, Schrobenhausen

ISBN 3-525-33375-7

INHALT

1. DIE FRAGE NACH DEM UNÜBERWINDLICHEN CHRISTENGLAUBEN[1]

„Ich sage auff mein allerhochstes pfandt, das ich meinen mercklichsten und allerhochsten fleyß furgewant habe, das ich muchte vor andern menschen hochlicher erkennen, wie der heilge, unuberwintliche christenglaube gegrundet weher“[2]. So formulierte Thomas Müntzer das Anliegen, das ihn „von jugent auff“ umgetrieben habe, in dem Augenblick, da er, selbst inzwischen zu der erstrebten Erkenntnis gekommen, die Böhmen aufrief, die Rückkehr der Kirche zu ihrem apostolischen Ursprung durch die tatbereite Bewährung solchen unüberwindlichen Christenglaubens bei sich anheben zu lassen, ehe Gottes unmittelbar bevorstehendes Gericht hereinbricht. Drei Jahre zuvor noch hatte sich der junge Geistliche, der sein seelsorgerliches Amt sehr ernst nahm, vergeblich um einen Ausweg aus der ihn bedrängenden inneren Not gemüht. Er war nur immer tiefer in Zweifel und kritische Bedenken gegenüber dem Lehr- und Frömmigkeitsbetrieb der Kirche geraten, deren berufene Hirten es an Verantwortungsbewußtsein für das glaubenswillige Volk fehlen ließen und es aus Unverstand und eigennützigen Interessen bedenkenlos in die Irre führten. Erst Luther hatte ihm, wie er wiederholt bekennt, dazu verholfen, in die Tiefen des christlichen Glaubens einzudringen und seine ebenso irrationale wie reale Seinsmächtigkeit zu ergründen.

Als offener Parteigänger Luthers tritt Müntzer Anfang 1518 in die Geschichte ein, zunächst nichts anderes als einer der frühen Anhänger der Wittenberger Bewegung, der sich allenfalls durch eine besonders aggressive Polemik gegen die Vertreter des herrschenden Kirchentums hervortat. Schon jetzt bekundete sich darin seine Neigung zu einer prinzipienstrengen Opposition nicht einfach als Ausdruck eines Geistes, der stets verneint, oder der puren Lust am Widerspruch, sondern einer entschlossenen Einsatzbereitschaft für das als wahr und gültig

Erkannte gegen jeden Einspruch und alles Kompromißlertum. Jedoch, bei aller rasch entflammten Begeisterung für die befreiende Tat des Mönches, der die evangelische Wahrheit wieder ans Licht gebracht hatte, gab sich der „Martinianer“ nicht mit der bloßen Übernahme und Weitergabe der ihm so bedeutungsvoll gewordenen Gedanken des Meisters zufrieden. Er fand fast ein ganzes Jahr lang Zeit und Gelegenheit, kaum belastet von Amtspflichten, das Übernommene zu verarbeiten, um es dann, vornehmlich in der letzten Hälfte seiner Wirksamkeit als Prädikant in Zwickau, eigenständig umzubilden. Er sah darin keine Abkehr von Luther, vielmehr eine sachgemäße konsequente Fortbildung seines reformatorischen Anliegens. Es wäre sogar nicht undenkbar, daß er in Prag darauf verfiel, an Stelle des durch Acht und Bann „ausgeschalteten“ Wittenbergers die von diesem in der Christenheit ausgelöste Erneuerungsbewegung weiter vorantreiben zu müssen. Diese Periode seiner Entwicklung zu einem eigenständigen reformatorischen Prediger wird sehr unterschiedlich gesehen und ist bedeutsam genug, um ihr näher nachzugehen.

Wahrscheinlich ist Müntzer schon als „Propst“ in Frose durch den Thesenstreit auf Luther aufmerksam geworden, hat sich wohl aber erst nach einem kürzeren Aufenthalt in Braunschweig, das ihm durch Mißhelligkeiten mit den dortigen Franziskanern verleidet wurde, nach Wittenberg gewandt. Der besonderen geistig-religiösen Atmosphäre der Stadt konnte er sich nicht entziehen, und er fand offensichtlich bald engeren Anschluß an den Kreis der Lutheranhänger, durch den ihm das Auge für die Irrwege der Theologie wie für die Fehlorientierung und den damit heraufbeschworenen Substanzverlust der kirchlichen Frömmigkeit geschärft wurde. Im Umgang mit den neuen Freunden erschloß sich ihm ein tieferes Verständnis für die reformatorische Erkenntnis Luthers, und das hieß für ihn, sein eigenes Problem in einer völlig anderen Perspektive zu sehen, nicht vom Wollen und Vermögen des Menschen auszugehen, sondern von Gottes Willen und Wirken. Er erfaßte mit größerem Ernste als bisher die absolute Verbindlichkeit der göttlichen Gebote, von der es keinerlei Dispens geben kann. Er mußte eingestehen, daß es dem Menschen schlechterdings unmöglich ist, Gottes Anspruch zu genügen, daß er also vor Gott schuldig werden muß und gerade bei einem aufrichtigen Verlangen nach Gemeinschaft mit Gott durch das unausweichliche Eingeständnis seines von ihm selbst nicht aufhebbaren oder aufgebbaren Schuldigseins in die Höllenpein der Gottesferne, der Gottverlassenheit gestoßen wird. Um so begieriger griff er dann auf, was Luther aus solcher notvollen Erfahrung als gültige Erkenntnis gewonnen hatte: daß Gott sich dem, der sich in seiner Verlorenheit ihm bedingungslos ausliefert, alles Eigensein und Geltenwollen ihm gegenüber preisgibt, als der ihm stets Nahe, ihm Beistehende zu erkennen gibt, sein Ja zu dem ihn suchenden Menschen trotz dessen Sünde und Schuld im Leiden und Sterben seines Sohnes offenbar gemacht und durch sein Wort unwiderruflich bekräftigt hat. Gewiß erwuchs Müntzers Frage nach dem unüberwindlichen Christenglauben aus einer ganz anderen Not als die Luthers nach dem gnädigen Gott. Doch mochte ihm im Blick auf die Erfahrung des Mönches stärker als bisher bewußt geworden sein, daß auch ihm Gott über allem strebendem Bemühen nur immer ferner gerückt war; so konnte dann auch Luthers Erkenntnis für ihn wegweisend sein, daß Gott sich durch den Eigenwillen des Menschen nichts abtrotzen läßt, wohl aber dem, der ihn sucht, ohne sich gleichsam selbst durchsetzen zu wollen, entgegenkommt und auf ihn eingeht.

Es leidet keinen Zweifel, daß das allem meritorischen Denken zuwiderlaufende Verständnis des Beziehungsverhältnisses zwischen Mensch und Gott Müntzer lebhaft beschäftigt hat, daß insbesondere die Anerkennung der absoluten Geltung der göttlichen Gebote ihn die Forderung ganz ernst hat nehmen lassen, alles aus sich selbst vor Gott etwas Leisten- und Geltenwollen preiszugeben, daß er eben das als den ersten Schritt der Christwerdung begriffen hat, ohne den man den Weg zur Gemeinschaft mit Gott verfehlen muß. In welcher Weise sich darin auch die Begegnung mit der deutschen Mystik bereits mit ausgewirkt haben könnte, ist schwer auszumachen. Müntzer selber schweigt sich über eine Lektüre mystischen Schrifttums aus; er gibt nur zu erkennen, daß er, angeregt durch die Leipziger Disputation, in Beuditz eifrig Augustin und des weiteren kirchengeschichtliche Werke studiert bzw. bestellt hat[3], die sein kritisches Interesse an der Fehlentwicklung der alten wie der gegenwärtigen Kirche dartun. In Zwickau bekennt er sich ausdrücklich zu Luther als dem, dem er sein Christwerden durch die Hinführung zum rechten Verstande des Evangeliums verdankt[4], und dieses recht verstandene Evangelium zu verkünden, ist sein Auftrag, damit es nicht wie bisher unter Berufung auf Menschensatzungen mit Rücksicht auf kreatürliches Verlangen um seinen Ernst gebracht wird. Er vertritt als Prediger deutlich die reformatorische Position Luthers, wenn er in den Thesen gegen den Franziskaner Tiburtius betont, daß es an der absoluten Geltung der göttlichen Gebote nichts herumzudeuteln gibt, daß die Prädestination keine „res imaginaria“ ist, vielmehr wer glaubt, seiner Prädestination gewiß ist, hingegen in die Irre geht, wer sein Heil durch gute Werke sichern zu können wähnt. Wichtig war ihm vor allem aber, daß die Passion Christi nicht als ein einmaliges historisches Geschehen nur zur Kenntnis oder zum Anlaß kontemplativer Betrachtung u. ä. genommen wird, sondern daß die Gläubigen – mit Luthers Worten gesagt – Christi Leben und Namen, Leiden und Sterben in ihr Leben ziehen, d. h. christusförmig werden sollen[5]. Müntzer hat sich mit großer Leidenschaft für die neue Lehre eingesetzt, dabei die Verteidiger des alten Glaubens scharf attackiert und ihren Unverstand wie ihre Scheinheiligkeit mit höhnischem Spotte angeprangert, so daß er schließlich auf die Beschwerden der brüskierten Mönche hin, trotz der Begünstigung durch den Rat, durch den Amtshauptmann von Zwickau zurechtgewiesen und beiden Parteien die Fortsetzung grober Provokationen und aufreizender Polemik untersagt, zugleich dem Rate nahegelegt wurde, eine einseitige Parteinahme für den Prädikanten zu unterlassen. Es kam durch den Schlichtungsversuch in diesem Konflikt zwar wenigstens nach außen hin zu einer gewissen Entspannung; aber bereits ein Vierteljahr später stand Müntzer in einer neuen für seine theologische Entwicklung bedeutsamen und für seinen äußeren Werdegang folgenreichen Auseinandersetzung: mit Johannes Sylvius Egranus, dessen Vertreter er als Prediger an St. Marien während dessen Beurlaubung gewesen war.

2. DIE ANTWORT: DER GEISTGEWIRKTE GLAUBE

Als der humanistisch gebildete, mit der Reformation anfänglich sympathisierende Theologe im Oktober 1520 nach Zwickau zurückkehrte, brachte das den Übergang Müntzers an die Katharinenkirche mit sich. Das heißt, die Begegnung mit Egran, den gerade die Erwähnung seines Namens in der Bannandrohungsbulle gegen Luther zu einer stärkeren Distanzierung von dem Reformator veranlaßte, erfolgte etwa um die gleiche Zeit, da Müntzer in eine engere Berührung mit der „secta Storchitarum" kam. Die Anstöße von beiden Seiten trieben ihn, dort in negativer, hier in positiver Reaktion in der gleichen Richtung einer eigenständigen Fortbildung seines lutherischen Ansatzes weiter. Denn bald war er überzeugt, daß Egran der von Luther erstrebten Reformation aus einer Neubesinnung auf das Wesen des christlichen Glaubens nur mit großer Reserve gegenüberstand und Kompromisse einer klaren Entscheidung vorzog. Seine Betonung der „fides historica" machte den Glauben geradezu zu einem Akte intellektueller Rezeption der den biblischen Büchern entnommenen, autoritär vermittelten Heilswahrheiten, in dem die innere Erfahrung allenfalls eine sekundäre Rolle spielte. Zugleich erwies sein Verständnis der heiligen Schrift als einer Schriftensammlung für die Christenheit unterschiedlich verbindlicher jüdischer und christlicher Autoren wie seine Meinung, durch eine kritisch-historische Exegese eine objektive, weil vernunftgemäße Erkenntnis der biblischen Wahrheit gewinnen zu können, daß dieser „homo indoctissimus in re Theologica"[6] überhaupt nicht begriffen hatte, worum es im christlichen Glauben geht. Müntzer unterstellt ihm bedenkenlos den Satz: „Keiner ist gehalten zu glauben, was das Erkenntnisvermögen (intellectus) nicht fassen kann"[7]. Seine eine halbjährige Kontroverse abschließenden angeblichen „Propositionen Egrans" bekunden unmißverständlich, daß der „Martinianer" sich zum offenen Protest gegen die Verfälschung der lutherischen Glaubenserkenntnis durch einen vorgeblichen Anhänger der Reformation herausgefordert sah, der sein vernunftstolzes Ich nicht aufgeben will und sich dagegen sperrt, daß Gott nur dem in der „passio amara“ sich ihm bedingungslos Ausliefernden durch seinen Geist im Hören seines lebendigen Wortes begegnet.

In der veränderten Frontstellung und anders akzentuierten Thematik seiner Polemik dürfte es vornehmlich begründet sein, daß Müntzer stärker als bisher die Geisttheologie ins Spiel brachte. Egran bestätigt es mit süffisanter Ironie, daß sich sein Widersacher des Geistbesitzes rühme und daheraus sich anmaße, ihn zu verteufeln[8]. Sehr wahrscheinlich hat dazu jedoch auch der engere Umgang mit Nikolaus Storch eben in dieser Zeit beigetragen, ohne daß man bei der unzureichenden Kenntnis der damaligen Anschauungen des Tuchmachers sagen könnte, in welcher Weise er den Prädikanten beeinflußt hat. War allein schon die Begegnung mit dem ungewöhnlichen Laien, „Der Do baß wisse die Bibliam, vnd Hoch erkannt im geyst“, so eindrucksvoll, daß er erklärte, die „Leyen mussen unser Prelaten und Pfarrer werden, und Rechenschafft Nehmen des Glaubens“[9], oder hat er sich durch ihn anregen lassen, von Luther und der deutschen Mystik her in ihm haftende Gedanken- und Vorstellungselemente intensiver zu durchdenken und selbständig weiterzuführen? Hat er vielleicht den Gedanken besonderer Offenbarungen im unmittelbaren Verkehr mit Gott (revelationes) direkt von ihm übernommen?

Die im zweiten Halbjahr des Zwickauer Aufenthaltes gewonnenen Einsichten haben Müntzers theologische Entwicklung maßgeblich mitbestimmt und ihn – vielleicht auch angesichts der seiner Meinung nach von den Wittenbergern unterschätzten Gefahr einer Verfälschung des reformatorischen Anliegens durch das Auftreten geltungsbedürftiger theologischer Klüglinge – zu einer eingehenderen Antwort auf die Frage nach dem Gehalt und der Gestalt des wahren Christenglaubens veranlaßt und es ihm als die vordringliche Aufgabe erscheinen lassen, den Suchenden den rechten Weg zu solchem Glauben zu weisen. Erst nach dem durch seine Absetzung und Flucht herbeigeführten jähen Ende seiner Tätigkeit in Zwickau kam er jedoch vermutlich in der Vorbereitung seiner Reisen nach Böhmen und dann zumal in der Auseinandersetzung mit der geistig-geistlichen Mentalität der Prager Metropole zu der prinzipiellen Klärung seiner Vorstellungen, wie sie uns erstmalig im sogenannten „Prager Manifest“ deutlich entgegentreten.

In strikter Ablehnung aller Pervertierung des Glaubens zu einer wie auch immer gearteten Aktion des kreatürlichen Menschen ist wahrer Glaube allein auf die im Kraftfeld des heiligen Geistes sich vollziehende persönliche Erfahrung einer Kommunikation mit Gott gegründet. Er entsteht und besteht also nicht in der Vergegenwärtigung historischen Geschehens, nicht in der Übernahme fremden Zeugnisses jedweder Art. Glauben ist – allein durch die Offenheit des Herzens für das im Menschen anhebende Wirken des heiligen Geistes ermöglicht – das eigenste Werk des sich dem Glaubenswilligen offenbarenden Gottes; nur in solcher unmittelbaren geistgewirkten Begegnung mit Gott ist die Gewißheit des Glaubens in einem letztmöglichen Grade objektiver Erkenntnis Gottes und seines Willens gegeben. Denn Gott und Mensch sind gemäß dem „ordo deo et creaturis congenitus“ einander ursprünglich zugeordnet und der heilige Geist ist die wesende Kraft ihres wechselseitigen Beziehungsverhältnisses. Er macht Gottes Wort dem Menschen vernehmbar und verstehbar, macht ihn gotthörig und wirkt das Aufeinanderzukommen beider, das nicht in einer „unio mystica“ ihr Ziel hat, wohl aber den Glaubenden sich seiner Gottzugehörigkeit bewußt werden läßt. In dem Maße dieses Bewußtwerdens erfährt der zum Glauben Kommende einen Wandel seiner Wesenhaftigkeit, der sich freilich nur in einem leidvollen Prozeß vollzieht, der von dem Entsetzen der „Furcht Gottes“ unter Anfechtungen und Versuchungen über den siebenmaligen Empfang der Gaben des heiligen Geistes bis zur völligen Entselbstung führt, in der das sich selbst zugewandte, gottentfremdete Ich ausgelöscht wird.

Die Erkenntnis, daß der „unüberwindliche Christenglaube“ sich allein auf die unmittelbare geistgewirkte Bekundung Gottes selbst „im Abgrund der Seele“ gründet, schloß notwendig ein neues Verständnis der Geltung der heiligen Schrift in sich. Schon in Wittenberg war Müntzer wohl darauf hingewiesen worden, Schriftwort und Gotteswort nicht einfach zu identifizieren, zugleich den wesentlichen Bezug von Wort und Geist zu bedenken und daß das „Wort" niemand anders in den Grund des Herzens geben kann als Gott[10]. In Zwickau war ihm jedoch erst recht einsichtig geworden, wie sehr die falsche Berufung auf das Wort der Schrift geradezu zu einem Hindernis für den wahren Glauben wurde. Die Bibel hat zwar eine besondere Qualität als Zeugnis des Glaubens und ist für den Gläubigen eine gültige Dokumentation dessen, was Gott vormals gesagt hat. Sie ist eine unverzichtbare Kontrollinstanz dafür, ob die gegenwärtig empfangenen Offenbarungen wirklich von Gott sind, da der heilige Geist sich heute nicht anders vernehmen lassen kann als damals. Sie vermag jedoch den Glauben nicht zu wirken und ins Wesen zu bringen, bleibt für den noch nach der Erkenntnis Gottes erst Verlangenden toter Buchstabe, äußeres vergangenes Wort, das ihn aus sich heraus nicht in einen lebendigen Kontakt mit Gott zu bringen vermag. Das das biblische Zeugnis als solches qualifizierende Moment der objektiven Erfahrung persönlicher Begegnung mit Gott ist durch eine gedankliche Vergegenwärtigung und Aneignung fremder Zeugnisse nicht nachvollziehbar. Der Schrift- und Buchstabenglaube erweist sich dem ernsthaften Begehren nach Glaubens-Gewißheit als ein trügerischer Versuch der menschlichen Vernunft, das gott-menschliche Beziehungsverhältnis manipulierbar zu machen, so daß der Mensch sich einem stumm gewordenen Gott gegenüber in seiner selbstischen Kreatürlichkeit belassen und bestätigt findet und darüber hinweggetäuscht wird, was den wahren Glauben ausmacht und wie schwer er zu erlangen ist.

Der geistgewirkte Glaube ist kein beruhigender Besitz, sondern aktivierender Drang, Gottes lebendiges Wort in allen Herzen vernehmlich werden zu lassen. So zum Handeln getrieben, überzeugt von der Aufweisbarkeit des jedermann zugänglichen Weges zur rechten Glaubenserfahrung weiß sich der Prediger zur Erneuerung der Kirche berufen und beauftragt. Gott will nicht mehr beiseite stehen und als ein stummer Götze angebetet werden. Die neue apostolische Kirche soll jetzt und hier im Lande des Johann Hus ihren Anfang nehmen: die Böhmen sollen mit allem Fleiße „das lebendige Wort Gottes aus Gottes Munde selber ... studieren", so die Irreführung durch die „tauben Pfaffen" erkennen und ihnen kein Gehör mehr schenken. Es ist ein gottgewollter Aufstand des Glaubens gegen den Unglauben, keine Gewaltaktion zur Befriedigung menschlich-natürlichen Begehrens. Aber selbst bei den romfreien kirchlichen Gruppen, die Müntzer wohl am ehesten gewinnen zu können erwartet haben mochte, fand er je länger desto weniger Anklang. In dem schließlich an die Böhmen gerichteten Appell ist der Ton aggressiver Polemik des abgelehnten Botenläufers Gottes unüberhörbar, offenkundig jedoch ganz anders motiviert und orientiert als ehedem seine Ausfälle gegen die Franziskaner in Jüterbog und Zwickau oder gegen Egran. Er sieht jetzt in dem Widerstand nichts anderes als ein halsstarriges Beharren im „Unglauben" in mutwilliger Verachtung des göttlichen Geistes, der aus ihm spricht. Darin erkennt er seine eigene Situation als die der alttestamentlichen Propheten wieder, erfaßt er um so intensiver seine Sendung, „solche hohen Feinde des Glaubens" vor aller Augen „in dem Geiste Eliä zu Schanden [zu] machen". Er ist von Gott selber in entscheidender Stunde als sein Sprecher berufen: „Die Zeit der Ernte ist da. Darum hat mich Gott selber gemietet in seine Ernte"[11]. Ganz in der Weise biblischer Propheten geißelt er das gotteslästerliche Verhalten einer sich von Gott abkehrenden Priesterschaft, ergeht seine Mahnung an das verführte Volk, gilt die Verheißung denen, die sich im rechten Glauben Gott zuwenden, und – auch die Drohrede fehlt nicht, die die Vollstreckung der Strafe für den Ungehorsam gegen Gottes Willen durch ein heidnisches Volk ankündigt: „Wirst du das nicht tun, so wird dich Gott lassen durch den Türken im zukünftigen Jahr erschlagen"[12]. Der reformatorische Prediger wird zum Propheten, der Künder des geistgewirkten Glaubens weiß sich in besonderer Weise von Gott in seinen Dienst genommen und nimmt als Gottes Knecht den ihm von seinem Herrn gegebenen Auftrag ernst. Sein leidenschaftliches Drängen auf eine wahrhafte Erneuerung der christlichen Kirche erhält von nun an durch sein Sendungsbewußtsein in der unmittelbaren Erfahrung des göttlichen Geistes immer wieder neuen Antrieb und eine ungemeine dynamische Kraft.

3. DIE ERNEUERUNG DER APOSTOLISCHEN KIRCHE

Als Müntzer nach dem Fiasko der Prager Reise nach Deutschland zurückkehrte, sah er sich bald schon zu der Feststellung veranlaßt, daß sich die Anschauung der Wittenberger vom Werden und Wesen des christlichen Glaubens durch eine enge Bindung an das Wort der Schrift inzwischen verhärtet hatte, dem Wirken des Geistes dagegen auch nicht entfernt nur in dem ihm erforderlich erscheinenden Maße Beachtung geschenkt wurde. Das ist in seinen Augen zudem der tiefere Grund dafür, daß sie es an einem entschiedenen Willen zur praktischen Durchführung einer konsequenten Reformation haben fehlen lassen, ohne zu bedenken, daß die von Gott gewollte Veränderung der Welt nahe bevorsteht. Luthers Invocavit-Predigten haben ihm offensichtlich den letzten Anstoß gegeben, Ende März in einem Briefe an Melanchthon seine Besorgnis mit allem Freimut zu äußern. Es tritt darin deutlich hervor, daß er seit Prag in der Erwartung lebt, daß „die durch Gottes Vorherbestimmung (prediffinitione Dei) gegründete Kirche Jesu von Nazareth“[13] in naher Zukunft wieder „in ihrem wahrhaft rechten Wesen“ aufgerichtet wird. Dazu gilt es, die Christen zu rüsten, und das heißt zuallererst, wie er etwa am Beispiel der Priesterehe darlegte, die Erwählten anzuleiten und anzuhalten, daß sie sich in all ihrem Tun und Lassen nicht auf ein äußeres Schriftwort bloß berufen, vielmehr das lebendige Wort Gottes im Herzen vernehmen, so daß sie geleitet vom „timor Dei“ und dem „spiritus sapientiae“ auf ihre reale Heiligung bedacht sind. Gerade hier wird in absonderlicher Weise deutlich, wie Müntzer im Blick auf die „ecclesia futura“ eine effektive Heiligung auch für möglich hält, die dem Christen dank der schöpferischen Kraft des heiligen Geistes in der Totalität seines Seins einen wesenhaft neuen Charakter gibt, der ihn befähigt, Gottes Willen zu erfüllen. Es gibt heute für den Christen kein ihn enger bindendes Gebot als (ut ita dicam!) die *sanctificatio nostra.* Sie qualifiziert

die „electi“ für die Zugehörigkeit zur neuen apostolischen Kirche, die ansatzweise schon in der Abendmahlsgemeinschaft angelegt ist, zu der, wie er ausdrücklich verlangt, nur der zugelassen werden soll, der in einer Prüfung nach der Predigt den „fructus intelligentiae“ nachweisen kann: die Abendmahlsgemeinde ist gleichsam die durch ihr Selbstzeugnis sich bestätigende und bestätigte Gemeinschaft der vom heiligen Geiste erfüllten Christen, die als „electi“ zu der „futura ecclesia“ hinführen werden. Das vollzieht sich bereits in ihrer bedingungslosen Hingabe an den ihnen offenbaren Willen Gottes, in bewußter Sonderung von den Gottlosen (reprobi), in der Ablehnung aller Passivität, Halbheit und Kompromißbereitschaft. Kurzum: die Erneuerung der Kirche ist unverzüglich ins Werk zu setzen, unbekümmert um das Ärgernisnehmen der Schwachen, um die Vermittlungsangebote der Kompromißler, um das Verärgertsein der weltlichen Gewalten. Wer das nicht begreift, weiß nicht, was wirklich in der Schrift steht, und dem fehlt die rechte Erkenntnis des Geistes.
Müntzers Enttäuschung über Luther und Melanchthon ist unverkennbar, seine Kritik an ihnen unmißverständlich, der ganze Brief eine bewußte Herausforderung – und dennoch keine Kampfansage. Er deckte rücksichtslos ihre Mängel und Schwächen auf, aber vorerst noch offenkundig in der Hoffnung, daß sie sich eines Besseren von ihm belehren ließen. Er ist bereit, ihnen „scripturis, ordine, experientia apertoque verbo Dei“ die Gültigkeit der von ihm gegen sie erhobenen Einwendungen nachzuweisen. „Ihr zarten schriftgelerten, seyt nicht unwillig, ich kan es nicht anders machen“[14]! – Was man ihm in den nächsten Wochen und Monaten als Urteil aus lutherischen Kreisen über ihn zutrug, konnte er kaum anders deuten, als daß er dort nicht ernstgenommen wurde. Noch gab er sich gelassen und ließ es bei ironisch-sarkastischen Bemerkungen bewenden: Wer seiner Erwählung im Glauben gewiß ist, der ist freilich nicht von der Welt und muß es hinnehmen, daß die Welt ihn für verrückt hält. Er blieb sich seiner Sache gewiß und nahm es auf sich, ein Jahr lang als ein eigenständiger reformatorischer Prediger unstet durchs Land zu ziehen, der sich bei passender Gelegenheit auch nicht scheute, seinem Unmut über Luther und dessen getreue Ge-

folgschaft Ausdruck zu geben. Sein Verhältnis zu ihm war jedenfalls gestört und in eine kritische Phase getreten, was nicht zuletzt seine Annäherung an Karlstadt offenbar werden ließ.

Ende März 1523 in ein Pfarramt der ernestinischen Enklave Allstedt berufen, begann Müntzer hier, zu freiem Handeln entbunden, einer „konsequenten Reformation“ die Bahn zu bereiten. Durchdrungen von dem Verlangen, der Christenheit den rechten Weg zu weisen, „wie man sich kegen Got halten sol und zur ankunfft des rechten christen glaubens kummen“[15], nahm er, Luthers Übersetzung der Bibel gleichsam für die Gemeinde aktualisierend, schon in den ersten Tagen und Wochen nach seinem Amtsantritt die Verdeutschung der liturgischen Formulare in Angriff, um jedermann eine Herz und Sinn bewegende Teilnahme am Gottesdienste zu ermöglichen. Es war eine große Leistung des neuen Predigers, daß er die tiefgreifende Neuordnung des gesamten gottesdienstlichen Lebens der Allstedter Gemeinde so rasch und sicher durchzuführen vermochte, daß er dabei als den entscheidenden Gesichtspunkt die Verkündigung des Wortes Gottes mit erstaunlicher Folgerichtigkeit zur Geltung brachte und nirgendwo ins Periphere abfiel; daß er eine wirklich „evangelische“ Gemeinde zu erbauen suchte, ohne die ihm anvertrauten Seelen zu verstören. Es war ein umwälzendes Unternehmen; aber es wurde in den maßvollen Formen einer wohlbedachten Ordnung durchgeführt, die die echte Substanz des Alten sogar erst zur rechten Entfaltung brachte, indem sie Gottes Wort in den Zeugnissen der heiligen Schrift und der frommen Väter unverhüllt reden ließ. Müntzer hat sich vielleicht in keinem Stadium seines Wirkens so „sachlich“ einer Aufgabe hingegeben wie bei der Arbeit an den liturgischen Ordnungen. Freilich wollte er nicht bloßer buchstabengerechter „Übersetzer“ sein, sondern „Dolmetsch“; er empfand es als eine „unfletige sache“, „menlein kegen menlein zu mhalen“; er erklärte selber, er habe „in unvorrugklicher geheym des heyligen geists vordolmatzscht die psalmen, mehr nach dem sinne dan nach den worten“, „nachdeme wir zum geist noch zur zeit vil musterns bedörfen, biß das wir entgröbet werden von unser angenommen weiße“[16]. Er wußte nur zu gut, wie theologische Spekulation die biblischen Texte als Fundgrube menschlichen Aberwitzes mißbraucht, wie kirchlicher Eigennutz sie zur Rechtfertigung seiner Herrschaftsgelüste ausgenutzt hatte; noch Egran hatte ihm vorgeführt, wie rationale Vernünftelei sich der Bibel zu bemächtigen wußte. Was war nicht alles von der Kanzel herab dem Kirchenvolk als biblische Wahrheit verkündigt und zu glauben aufgenötigt worden. Die Gemeinde mußte zum rechten Hören, zum richtigen Verstehen der Aussagen der Schrift erst angeleitet werden und der Dolmetsch ihr den wahren Sinn des Bibelwortes als Zeugnis des heiligen Geistes eröffnen. So eben suchte er den Inhalt der biblischen Lesungen und Gesänge im Gottesdienste den ungeübten, „groben" Menschen ihrem Fassungsvermögen entsprechend eingängig zu formulieren, daß hieß aber faktisch, sie in sein Verständnis des christlichen Glaubens und Lebens einzuführen und das ihnen nun einsichtig gewordene Zeugnis der heiligen Schrift wiederum als Bestätigung der Gültigkeit seiner Lehre sich zu eigen zu machen. Es gibt nun für ihn ein in die letzten Tiefen eindringendes geistgewirktes Verstehen, das zwar von den Formulierungen der biblischen Aussagen ausgehen muß, das aber dessen fragwürdige Gestalt von innen heraus nach Wesen und Gestalt seines ursprünglichen Ausdruckswillens besser erfaßt und „restituiert" als ein mit allen Mitteln grammatischer Kunst und philologischer Akribie Sich-Mühen um den Buchstaben, das vielleicht sogar die Wörter richtiger setzt und doch „das Wort" verfehlt. Gerade das, was Müntzer durch die Ausschaltung des Lateinischen vornehmlich mit erreichen wollte, daß man nicht den „worten wil eine kraft zuschreiben", setzte er durch sein Dolmetschen und sein absonderliches Vokabular in modifizierter Weise, wenigstens an manchen Stellen und obschon ungewollt, selber fort, da eben diese Termini, deren konkreten Sinn man oft genug nur von Ferne zu ahnen vermochte, für viele Zeichen eines Numinosum blieben, in dessen geheimnisvollem Kraftfeld man sich außergewöhnlichen Wirkungen ausgesetzt fühlte und religiös erregen ließ. Die suggestive Kraft der halb- oder unverständlichen Formel, die Dämonie des seinen Inhalt zugleich auf- und verdeckenden Wortes, das der wunschgemäßen Sinngebung durch den einzelnen noch Spielraum läßt und gerade durch eine relative Unbestimmtheit die Geister bannt und bindet, das im Halbdunkel suggerierten Verstehens Masse, auch fromme Masse bilden, mitreißen, fanatisieren kann, diese Dämonie des Wortes war auch hier mit im Spiele, und es ist wohl berechtigt zu sagen, daß Müntzer ein Meister solchen „dämonischen" Wortes war.

Man muß zu der in manch anderer Hinsicht noch bedeutsamen Neuformung des deutschen Gottesdienstes, zumal der Messe, die intensive Predigt- und Seelsorgetätigkeit hinzunehmen, um ganz zu ermessen, welch starke Wirkung von dem sich so leidenschaftlich für die von Gott jetzt gewollte Erneuerung der Kirche einsetzenden Manne ausging, zu dem bald das Volk auch aus den benachbarten, unter einer streng altgläubigen Obrigkeit stehenden Landen strömte. Man könnte fast – im Kontrast zu dem Erscheinungsbild des stark veräußerlichten spätmittelalterlichen Frömmigkeitsbetriebes – von einer Art Erweckungsbewegung sprechen, in der die Gemüter von der Idee einer neuen gotthörigen Christenheit erregt wurden, die in naher Zukunft schon durch die Einsatzbereitschaft der Erwählten nach Gottes Willen und mit seiner Hilfe das mutwillige Treiben der Gottlosen beenden und eine grundlegende Veränderung der Welt heraufführen werde. Freilich, mancher mochte, wie die Brüder zu Stolberg, wähnen, „Got sals in der christenheit eylende gut machen und yn schwinde zu hülffe kommen"[17]. Müntzer war es jedoch gar nicht darum zu tun, den baldigen Anbruch ewigen Menschenglückes in verlockenden Farben zu verheißen. Er predigte von der Unumgänglichkeit des Leidens, von der Notwendigkeit des Kreuzes, die das echte Kennzeichen des Christen sind, ohne die es keinen wahren Glauben, keine Begabung mit dem Geiste Gottes gibt. Er rief nicht zu einer politisch-sozialen Revolution auf, sondern mahnte ernstlich, „unfuglichen auffrur zu meiden"[18], und drängte auf die Bewährung des Glaubens im Bekenntnis vor der Welt.

Eben das konnte er im Herbst 1523 in dem Konflikt mit dem Grafen Ernst von Mansfeld demonstrieren, der seinen Untertanen verboten hatte, die „ketzerische Messe oder Predigt" in Allstedt zu besuchen. Müntzers Reaktion war ebenso scharf wie konsequent: den Titel Ketzer gab er dem Mansfelder

Grafen zurück, bestritt ihm jegliches Recht zu solchem wahnwitzigen Verbot und ermahnte die Gläubigen, sich nicht daran zu kehren. Dank der geschickten Taktik des sächsischen Kurfürsten konnte er in einer kritischen Phase seine grundsätzliche Position auch behaupten, daß keine Macht der Welt berechtigt sei, mit menschlichen Geboten das Evangelium aufzuhalten, und die Gläubigen sich durch keine menschliche Gewalt hindern lassen dürften, sich frei und offen zum reinen Worte Gottes zu bekennen. Das hat mit moderner Glaubens- und Gewissensfreiheit nichts zu tun und meint mit keiner Silbe so etwas wie religiöse Toleranz. Es ging um den undiskutierbaren Anspruch des Evangeliums, gehört und bekannt zu werden, der schlechthin für alle verbindlich ist und den er in legitimer Weise vertrat, während sich die Gegner durch ihren Widerspruch eo ipso als Ungläubige qualifizierten. Es bleibt dabei: es ist nicht nur ein Recht, es ist vielmehr die *Pflicht* der wahren Christen, sich standhaft zum Evangelium zu bekennen.

4. DIE HERAUSFORDERUNG AN DIE WITTENBERGER

Der für ihn positive Ausgang des Streites mit dem Mansfelder Grafen mag Müntzer den letzten Anstoß gegeben haben, die wohl schon länger erwogene Absicht zu verwirklichen, mit Luther in eine öffentliche Auseinandersetzung über seine Lehre zu treten. Bereits Anfang Juli 1523 hatte er nach der großen Resonanz seines Wirkens weit über Allstedt hinaus versucht, mit den Wittenbergern wieder in einen engeren Kontakt zu kommen, und an Luther einen Brief geschrieben, in dem er möglichen Mißverständnissen, besonders Anstoß erregender Theologumena wie falschen Verdächtigungen seiner Person entgegentrat. Das Schwergewicht des Schreibers lag deshalb auf den theologischen Ausführungen, in denen er zur Korrektur der umlaufenden Entstellungen seine Gedanken zum Thema Offenbarungen (de revelationibus) darlegte, um das ihm wohlbekannte Mißtrauen Luthers gegenüber diesem ihm so wesentlichen und unaufgebbaren Element seiner Geist-Theologie zu zerstreuen. Er begründet seine These, daß „in allen . . . die Erkenntnis des göttlichen Willens, durch die wir per Christum mit Weisheit und geistlicher Einsicht und unfehlbarem Wissen um Gott erfüllt werden müssen, wohnen (muß) so, daß wir aus dem Munde des lebendigen Gottes gelehrt erfunden werden, damit wir mit aller Bestimmtheit wissen, daß die Lehre Christi nicht von einem Menschen erdichtet, sondern uns untrüglich von dem lebendigen Gott geschenkt ist“[19]. Er wies dabei nicht nur seine Anschauung von den „revelationes“ in „Träumen und Gesichten“ als spezifische Form der göttlichen Bezeugung als biblisch legitim aus, sondern betonte auch sein von der heiligen Schrift gefordertes kritisches Verhalten solchen Offenbarungen gegenüber, erklärte sich darüber hinaus sogar noch bereit, sich von Luther korrigieren zu lassen. Er distanzierte sich ausdrücklich von den Zwickauer Propheten und verwahrte sich dagegen, mit ihnen in einen Topf geworfen zu werden, wähnte sich dagegen in Fragen seiner von Luther beanstandeten eigenwilligen „Terminologie" in voller Übereinstimmung mit den von den Aposteln gegebenen Richtlinien zu befinden, ohne sich berechtigten Bedenken etwa verschließen zu wollen. Andererseits unterließ er nicht, darauf zu verweisen, daß er in mancher Hinsicht (Egran!) doch schärfer die der Reformation wirklich drohenden Gefahren erkannt und anders als Luther (!!) fragwürdigen Gerüchten und gehässigen Einflüsterungen kein Gehör geschenkt habe. – Es war kein billiger Anbiederungsversuch; er läßt es an Selbstbewußtsein nicht fehlen und ist dennoch bereit, sich durch den nach wie vor von ihm hochgeschätzten Luther eines Besseren belehren zu lassen. Er sieht bei allem Empfinden für die vorhandenen Spannungen keinen Grund für ein ernsthaftes Zerwürfnis, wähnt die Mißstimmung und das Mißtrauen durch eine sachlich orientierte Darlegung seines Verhaltens und seines Standpunktes ausräumen zu könen, fühlt sich dem reformatorischen Kreis um Luther noch durchaus zugehörig und wünscht, um der gemeinsamen Sache willen, in seinem Wollen und Werken als ein qualifizierter Mitkämpfer zumal von Luther anerkannt zu werden: „Gott behüte Dich und (Du) erneuere die alte Liebe"[20].

Müntzer hatte auf seinen Brief von Luther keine schriftliche Antwort erhalten; er war statt dessen über den Allstedter Schösser Zeiß zu einer Aussprache über seine Lehre mit den Wittenbergern eingeladen worden. Dazu war er jedoch je länger desto weniger geneigt und zog einem internen Gespräch „auf einem Winkel" – aus Mißtrauen oder zur Propagierung seiner Gedanken? – eine öffentliche Diskussion vor dem Forum „einer ungefährlichen Gemeinde und nicht ohne genugsame Getzeugen" vor. Wohl als ein „Eröffnungsbeitrag" gedacht entstand so im letzten Quartal 1523 die „Protestation odder empietung Tome Müntzers . . . seine lere betreffende und zum anfang von dem rechten christenglawben und der tawffe"[21], seine Neujahrsgabe an die Welt, wie er sie selber bezeichnet. Die kleine Schrift mutet wie eine polemische Abhandlung über den trostlosen Verfall der Christenheit an, der schon in der nachapostolischen Zeit einsetzt und mit der Fehlentwicklung der Reformation in eine neue verhängnisvolle

Phase einzutreten droht. Doch entwickelt sie aus der Kritik die notwendigen Elemente einer einzig sachgemäßen Neuorientierung der Christenheit. Erst muß der wirkliche „schade der unvorstendigen werlt . . . erkant werden mit alle seinem ursprunge“, und das heißt, „der einige trost der ellenden kirchen erwarttet das, das die außerwelten sollen und mussen christformig werden und mit mancherley leyden und zucht Gottis werck in achtung haben“. Entscheidend ist, daß wir so den rechten Weg und Zugang zum christlichen Glauben wieder finden, daß wir erkennen, wie „wir unsern tewren christlichen glauben zum solchen leichtfertigen dinge gemacht haben one alle uberkommung“. Der Verfall des alten Katechumenats mit der Einführung der Kindertaufe zeitigte die heillose Verwirrung, aus der die Christenheit bis zur Stunde noch nicht wieder herausgefunden hat. „Die rechte tauffe ist nicht verstanden, darumb ist der eingang zur christenheit zum vihischen affenspiel worden.“ Es muß der Schlüssel zum rechten Verständnis der Taufe wiedergefunden werden, die das offenbare Geheimnis des christlichen Lebens vorbildet, wie es durch die Drangsale Leibes und der Seele zur Erkenntnis Gottes gelangt, in der „bewegung unsers in Gotis geist“ geistesmächtig und glaubensgewiß wird. Zu diesem Wege durch Leiden zum Glauben bekennt sich willentlich, wer die Taufe begehrt, und der Taufvollzug stellt ihm Weg und Ziel, Aufgabe und Gabe eines christlichen Daseins am Eingang in bedeutungsschwerer Sinnhaftigkeit vor Augen. Aber dieses Wesentliche ging der Christenheit im Rückfall in heidnische Vorstellungen von einer dinglichen Wirkung des äußeren Zeichens verloren; der einem inneren Verlangen und ernstem Wollen entspringende Akt verantwortlicher persönlicher Entscheidung wurde zu einer ins Unverbindliche ausweichenden, unpersönlichen Zeremonie. Damit nahm der Abfall der Kirche seinen Anfang und begann die trostlose Verwirrung, die auch äußerlich die Christenheit zerriß; denn nunmehr wurden folgerecht diese äußeren verkehrten Dinge zu Kriterien wahrer Christenheit gemacht. Man fragte überhaupt nicht mehr nach Sinn und Wesen des christlichen Glaubens, verstand darunter allenfalls ein Fürwahrhalten der Schrift und wollte durch das „schriftgemäße Glauben“ nur erreichen, durch göttliche Hilfe allem Leid möglichst ent-

hoben zu werden. Was unterscheidet denn eigentlich die Christen von Heiden, Türken, Juden? Ist es nicht so, daß „wir den heiden auch gleich seint?“
Seine Antwort: Wahrer christlicher Glaube ist nicht so leicht zu gewinnen, ist viel tiefer gegründet und völlig anders geartet. „Ab du auch schon die biblien gefressen hets, hilfft dich nit, du must den scharffen pflugschar leiden. Hastu doch keinen glauben, Got gebe dir dann ynen selbern und lere dich den selbern. Sol das gescheen, so wirt dir, du lieber schrifftgelerter, zum ersten auch das buch vorschlossen. Do kan dirs widder dem vernunfft nach keine creatur aufthun, soltestu auch zupresten. Gott muß deine lenden schurtzen, ja du must alle becleidung, do du von allen creaturn angezogen bist, lassen Got durch sein werck abwerffen“[22]. Christlicher Glaube ist also etwas den jetzt in der Kirche herrschenden Glaubensformen Inkommensurables. Er kommt nie und nimmer aus eigener Vernunft noch Kraft zustande, und er lebt nicht von den Worten der Schrift. Man empfängt ihn allein in der unmittelbaren Begegnung mit Gott von Gott selber. Der einzige Weg aber zu solcher Begegnung führt durch die Tiefen läuternden Leidens. So kennzeichnet er schließlich den viel berufenen engen Weg: „Die emsige erwarttung auffs wort macht ein anfangenden christen. Dieselbige erwarttung muß zum ersten das wort leyden, und do muß gar kein trost in ewiger vortzeihung zu unserm werck sein. Do meint der mensche, er hab keinen glauben uberal. Ja er befindet nach seinem beduncken keinen glawben. Er fulet odder findet ein durfftiges begir zum rechten glauben, welchs also schwach ist, das ers kaume und uber die masse schwerlich in ym gewar wirt. Doch zuletzt muß es erausser brechen: ‚Ach ich ellender mensch, was treybt mich in meinem hertzen? Mein gewissen vortzert all mein safft und crafft und alles, was ich bin. Ey was sol ich doch nu machen? Ich bin yrre worden, ane allen trost an Got und der creatur zu uberkommen. Do peiniget mich Got mit meinem gewissen, mit unglawben, vertzweyflung und mit seiner lesterung: Von außwendig werde ich uberfallen mit kranckheyt, armut, jamer und aller nodt, von bößen leutten etc. Und das dringt mich von inwendig vill mehr dan das eusserliche. Ach wie gerne wolt ich doch recht gleuben, wenn es doch alles dran gelegen were,

wenn ich nur wuste, welchs der rechte weg were. Ja, ich wolte lauffen zum ende der werlt'"[23]. In dieser hoffnungslosen Verzweiflung, wo der Mensch „schiere widder an Gott noch creatur" glaubt und „der erste unglaub" ihn zerbrechen will, „das du deinem holtseligen güttigen schöpffer das nicht wilt vortrawen, das er deinen kopff bewaren kunde" – da steht Gott in Wirklichkeit unmittelbar neben ihm. Die das erleiden, „die sehen, das das wort, do der rechte glawbe angehenckt, nicht hunderttawsent meylen von yn ist, sondern sie sehen wie es quillt aus dem abgrunde des hertzen, werden gewar, wie es abgeht vom lebendigen Gotte. Die vornemen wil, das man muß nüchtern sein, allen lüsten urlaub geben und auff solch wort und zusage Gottis mit der hochsten arbeyt wartten. Do gleubt der mensche nicht darumb, das ers von andern leuthen gehort hat. Auch das es die gantze werlt annimpt oder vorwirfft, ist ym gleich ... Aber seine inwendige augen haben lange, lange zeit gewarttet auff den herren und auff seine hende, das ist auff gotliche werck, und so erlangt die erbewbunge biß zum ende des gantzen wuchers des geists. Also muß man der unvorrucklichen Gottis barmhertzikeit gewertig sein"[24].

Die „Protestation" lag zumindest schon in der Druckerei, als Müntzer Mitte November von dem geistlichen Berater des sächsischen Kurfürsten Georg Spalatin aufgefordert wurde, ihm einige Fragen zum Thema Glauben zu beantworten. Sie waren sehr gezielt gestellt und bekundeten ein sachliches Interesse zu erfahren, was für den Allstedter Pfarrer eigentlich Glauben heißt, wie man zum Glauben kommt und seiner gewiß wird, wie man ihn bewährt und recht lehrt, in Anfechtungen an ihm festhält und durch ihn das Heil erlangt. Müntzer nahm die Gelegenheit wahr, sich insbesondere mit dem „gedichteten Glauben" Luthers auseinanderzusetzen. Dem Fragenkatalog entsprechend beginnt seine Antwort[25] mit dem gut lutherisch klingenden Satz: „Der christen glaub ist ein sicherung, auffs wort und zusage Christi sich zu verlassen". Doch dann stellt er schärfer als in der vorigen Schrift das kapitale Mißverständnis der Wittenberger heraus, die – nach seiner Meinung – wähnen, Glauben entstehe und bestehe im bloßen Akzeptieren der Schriftaussagen über das Leiden Christi und die gnädige Zusage Gottes so, als sei sie dem Menschen ver-

fügbar und käme es auf seine Einsicht und Initiative an, einfach zuzugreifen und damit schon Gottes habhaft zu sein. Damit verführt man die Menschen nur zu dem „böswichtischen glawben, den sie durch hörsagen ader auß den büchern von menschen gestollen haben wie tückische diebe“. Wo es nicht zu einer unmittelbaren Begegnung mit Gott, zum Hören seines lebendigen Wortes im Innersten des Herzens kommt, bleibt alles Gerede von Gottes Barmherzigkeit eine „außgedichte“ Sache, „ein natürlich promission oder zusage“, die „den armgeistigen nicht stillen“ kann. Die pathetische Erklärung – „glewbe, glewbe! halt dich fest, fest mit einem starcken, starcken glauben, das man pfele yn die erde domit stoße“ –, die faktisch nichts anderes meint als die Zustimmung zu fremden Glaubenszeugnissen, suggeriert dem Frommen lediglich einen Selbstbetrug, der ihm den „Christus passus“ als einen „honigsüßen Christus“ erscheinen läßt und ihm einen „gnädigen Gott“ vorgaukelt, einen Christus und einen Gott, die ihm eine „billige Gnade“ anbieten und garantieren, ohne daß ihm daraus die Verpflichtung zu einer ganz und gar auf die Erfüllung des göttlichen Willens ausgerichteten Christlichkeit erwachsen soll.
Folgerichtig lehnt Müntzer Luthers Verständnis der Rechtfertigung als eine bequeme Ausflucht kreatürlichen Selbstbehauptungstriebes ab. Auch für ihn sind Leiden und Kreuzestod Christi die noch heute in Kraft und Wirkung stehende „actio dei“. „Der ungehorsam der creaturn wirt widerbracht durch den gehorsam des worts, welchs fleisch geworden in natur.“ Wie der „ganze Christus“ aber die angenommene fleischliche Natur überwunden hat, so muß nun jeder Gläubige nach der Kräftigkeit seines Glaubens seine fleischliche Natur auch überwinden, muß er, was das Haupt vollkommen geleistet hat, als Glied Christi an seinem Teile nachvollziehen, also im Gehorsam gegen Gott den Ungehorsam der Kreatur in sich ertöten. Denn „darumb hat Christus den ganzen schaden Adams gebüst, das sich die teile zum ganzen halten sollen“. Man verkennt also den Sinn der „passio Christi“, wenn man sie lediglich als eine heilsgeschichtliche Tatsache zur Kenntnis und ihren effektiven Ertrag wie selbstverständlich für sich in Anspruch nimmt. Sie ist tatsächlich der von Gott geordnete Ermöglichungsgrund christlicher Existenz, soll und kann es aber

realiter allein dadurch werden, daß der Glaubenswillige Christo als Glied seines Leibes, der Kirche, so gänzlich zugehörig wird, daß er gerade auch durch seine Bereitschaft zum Leiden das kreatürliche Wesen in sich überwindet. Daß Christus „den ganzen Schaden Adams gebüst“ hat, bleibt ihm als sein einzigartiges proprium vorbehalten; doch der durch die „passio amara“ christusförmig gewordene wahrhaft Glaubende steht in einer besonders qualifizierten Kommunikation mit dem Fleisch gewordenen Sohne Gottes. Hier klingt das im Prager Manifest erstmalig expressis verbis formulierte Theologumenon vom „ordo deo et creaturis congenitus“ wieder an. Gott gibt dem Erwählten durch den heiligen Geist nicht nur die rechte Erkenntnis seines Willens, er gibt ihm zugleich eine reale Chance zur Erfüllung. Was im Wirken des Geistes mit der Furcht Gottes anhebt, setzt sich im Reifen zur Christusförmigkeit fort; das Gott-Hören wird zur Gott-Hörigkeit; der Gotthörige kann nicht anders als „nach dem Muster Christi“ den Ungehorsam der Kreatur durch den Gehorsam gegen Gott an seinem Teile bereinigen, konkret gesprochen, „die durch Gottes Vorherbestimmung gegründete Kirche Jesu von Nazareth“ in seiner Nachfolge wieder aufrichten wollen. Nachfolge ist mithin nicht bloße „imitatio Christi“ als eine aus irgendwelchem Seligkeitsegoismus betriebene, selbst auferlegte Frömmigkeitsübung, vielmehr die vorbehaltlos willige Dienstbereitschaft im Wissen um die Gottzugehörigkeit. Solches Wissen ist jedoch etwas völlig anderes als Luthers „frei ergeben und fröhlich wagen auf seine unempfundene, unversuchte, unerkannte Güte“, das Gott mit seiner Verheißung beim Worte nimmt, sich in vertrauender Hingabe ihm überläßt. Der Gläubige erfährt in Kraft des Geistes unmittelbar, daß in seinem gotthörigen Tun Gott selbst am Werke ist; er erkennt und bekennt, „Du hast (es) allein gethan“; auch seine „sanctificatio“, sein Heranreifen zur Christusförmigkeit ist Gottes Werk: Gott macht ihn in solchem Wandel seiner Wesenhaftigkeit bereits gerecht. Die „iustificatio“ ist also keine „bloße Gerechterklärung“ als freier Gnadenakt Gottes, der den Menschen kaum mehr kosten soll als seine Zustimmungserklärung. Sie ist von Gott her wirkliche Gerechtmachung, durch die sich der Erwählte in seiner Kooperation mit ihm als ihm zugehörig bestätigt sieht.

Hier tritt die anfänglich verdeckte Differenz in den Ausgangspositionen Luthers und Müntzers offen zu Tage, formelhaft gesprochen zwischen der Frage des Mönches nach dem „gnädigen Gott“ und der des jungen Priesters nach dem „unüberwindlichen Christenglauben“. Weil Müntzer dem gerechten, den Sünder richtenden Gott nicht so „Auge in Auge“ gegenübergestanden hat wie Luther, ist ihm das in jedem Bezug den Menschen befreiende Erleben des gnädigen Gottes versagt geblieben. Er kann nicht als der Begnadigte, als der Erlöste frei in der Gnade Gottes stehen. Seit er sich so lange vergeblich um eine wegweisende Antwort auf die ihn umtreibende Frage gemüht hatte, war eine letzte Unsicherheit in ihm geblieben, die ihn irgendwie aufweisbare Kriterien des rechten Glaubens fordern ließ. Luther war ihm mit der Erkenntnis zu Hilfe gekommen, daß der Weg zum Glauben nur durch Anfechtung und Leiden führt, in denen alle Selbstsicherheit des Menschen zerbricht, alle fremden Sicherungen wertlos werden. Von ihm hatte er sich zugleich sagen lassen, daß „niemant got noch gottes wort recht vorstehen [mag], er habs denn on mittel von dem heyligen geyst. Niemant kansz aber von dem heiligenn geist habenn, er erfaresz, vorsuchs und empfinds denn, unnd yn der selben erfarung leret der heylig geyst alsz ynn seiner eygenen schule, auszer welcher wirt nichts geleret, denn nur schein wort unnd geschwetz“[26]. Das hatte er in eigener Erfahrung bestätigt gefunden, aber dann durch die Forderung einer Aufweisbarkeit des Glaubens und der Effektivität des Geistbesitzes bis zum Verständnis der „iustificatio“ als reale Gerechtmachung übersteigert und damit gegen Luther ostentativ Stellung genommen: „das man lerne hüten und wegthun den sawerteig der bößwichtischen gelarten, die auch die reyne wort Gotis mit yrn wurmfressigen lamen tzotten machen zu sawerteyge“.

5. DIE CHRISTLICHKEIT DER CHRISTENHEIT

Die beiden Schriften über den Glauben gewähren zusammen mit denen über die neue Gottesdienstordnung einen Einblick in Müntzers Bemühen, seine Hörer in Allstedt durch die Erkenntnis des wahren Glaubens und ein ernstes Streben nach Heiligung mit dem entschlossenen Willen zum tatbereiten Einsatz für die gottgewollte Erneuerung der apostolischen Kirche zu erfüllen. Man muß sich freilich gegenwärtig halten, daß für ihn ungeachtet der Kontroverse mit Luther die Gegenspieler in seinem lokalen Wirkungsbereich noch immer die Vertreter des römischen Kirchentums waren und er seine konkrete Aufgabe hier in der Überwindung des Unwesens der alten Kirche sah, die sich rings um Allstedt mit allen Mitteln zu behaupten und auch auf die Allstedter Verhältnisse einzuwirken suchte. Er hatte in der „Protestation" nicht nur am Rande bemerkt, daß die Wurzel allen Übels in der Christenheit der Rückfall in „heidnische cerimonien ader geperde" sei, hatte auf die Abgötterei der Heiligenverehrung und deren widerchristliche Motivation hingewiesen: „Das wir zartten kreuter ach ja nichts dorffen leiden, rüfen wir sie in unsern nöthen an und wollen yn solcher weyse gleichwol nicht heiden, sondern christen seyn." Konnte er dann dazu schweigen, daß unmittelbar vor den Toren seiner Stadt eine Kapelle stand, in der unchristliches Gebaren um ein Marienbild „widder die billickeit des gotlichen willens tobet mit offenbarlicher abgötterey"? Er hat selbst bekannt, er „habe geprediget, das es eyn spelunkge sey und eyn apgotterey mit den zeychen, dye man von wachs hyn tregt, sey von got nit geboten"[27]. Sicherlich hat er von der Kanzel herab noch einiges mehr über „den teufel zcu Mallerbach" gesagt, war doch wahrlich nicht zu leugnen, „das der Magister under weilen etwas heftig" war. Es leidet jedenfalls keinen Zweifel, daß er die moralische Verantwortung dafür trug, daß am Gründonnerstag (24. 3.) 1524 die Kapelle in Flammen aufging, er auch weithin für die Ausschreitungen verantwortlich war, die das turbulente Geschehen der nächsten Monate in Allstedt einleiteten. Nur darf man ihm schwerlich unterstellen, direkt zu der Brandstiftung aufgefordert zu haben, die vermutlich das Werk einiger Heißsporne war, die darin mehr ihren Unwillen über den Klosterzehnten als über den „Teufelsdienst" zum Ausdruck bringen mochten und die möglichen Folgen ihres Tuns in keiner Weise bedacht hatten.

Der Exzeß einiger Eiferer wurde unversehens zum Anlaß einer sich steigernden demonstrativen Bekundung unbedingter Verpflichtung christlichen Beistandes für die um ihres Glaubens willen verfolgten Brüder. Die Äbtissin des Klosters Neuendorf hatte die Allstedter bei Friedrich dem Weisen neben sonstigen Übergriffen auch der Zerstörung des Mallerbacher Sanctuariums bezichtigt und der Kurfürst hatte daraufhin von ihnen einen Rechenschaftsbericht gefordert. Diese verdächtigten jedoch ihrerseits die Klosterleute der fahrlässigen Brandstiftung und bezeichneten die Beschwerden der „eptischen" als den arglistigen Versuch, durch eine skrupellose Verleumdungskampagne Allstedt als Hort des „evangelischen Glaubens" zu vernichten. Sie gaben dem Fürsten zu bedenken, daß sein Eingreifen zugunsten des Klosters eben diesem mit allen Mitteln geführten Kampfe der Altgläubigen wider das erfolgreiche Vordringen des evangelischen Glaubens Vorschub leisten würde, und sprechen die Erwartung aus, von ihm Schutz und Hilfe zu erlangen, weil ihre Sache ja doch die Sache des Evangeliums ist und allein unter diesem Gesamtaspekt auch dieser Einzelfall gesehen werden muß. Es ist Geist von Müntzers Geist: Die Aufforderung des Landesherrn, sich wegen Beeinträchtigung und Verunglimpfung des alten Glaubens zu verantworten, findet im Rechenschaftsbericht der Allstedter ihre Entgegnung in der Forderung an den Landesherrn, sich seiner Verantwortung für den freien Gang des Evangeliums bewußt zu sein.

Friedrich überließ die weitere Klärung der dubiosen Angelegenheit seinem Bruder Herzog Johann, der den Schösser Zeiß nach Weimar zitierte und eine energische Untersuchung der Vorgänge, besonders die Fahndung nach den Tätern forderte. Es war jedoch offensichtlich, daß die Allstedter die Nachforschungen sabotierten, die beiden Geistlichen die Unruhe eher steigerten als dämpften, so daß Zeiß Ende Mai Herzog Johann zu verstehen gab, daß er die Verantwortung für die Folgen ablehnte, die sich aus der strikten Durchführung der fürstlichen Anordnungen ergeben würden. Seine Befürchtungen bestätigten sich bald. Als er am 4. Juni das Ratsmitglied Knaut verhaften ließ, wandten sich „Rat und ganze gemeyne untertanigen zu Alsteth" in einer dezidierten Erklärung[28] an Johann, deren Inspirator und Verfasser kein anderer sein konnte als Müntzer. Man erklärt eingangs ausdrücklich, wie sie „allzeit untertanig und willig gehorsam aufs aller hoechste gewesen seint und gedengken auch nu fortan das selbige in massen wie geburlich zu volfuren mit allen unserm vormugen". Selbst „in der nonnen sachen zu Newendorff" haben sie sich gefügt und auf die Weisung des Kurfürsten hin ihr Vorhaben, die nicht zumutbare Zahlung von Zinsen und Zehnten einzustellen, aufgegeben, um einen Konflikt mit dem Kloster zu vermeiden. Wenn aber der Fürst jetzt auch in der Kapellenfrage den Klosterleuten überhilft, „seint wir armen leute des selbigen hoch beschwert und mugen das selbige vor Gott nit vorantworten, das wir solten Gotes lesterung helfen erhalten und vortedigen. Des seint wir durch gezeugnis der heiligen schrift gewis unschuldig". Denn wenn „durch gutherzige frume leute" dem Teufelswerk zu Mallerbach ein Ende bereitet wurde, „wie solten wir dan dazu helfen, das solche umb des teufels willen solten angenommen werden und gefenglich gesetzet"? Es ist weder „sonderlicher schade, der dem gemeynen nutz vorhinderlich", angerichtet worden noch der Gehorsamspflicht gegen die Fürsten Abbruch getan, der ja doch der Gottesgehorsam vorgeordnet bleibt. Man erwartet keine besondere obrigkeitliche Schutzaktion für sich; „mussen wir doch alle augenbligk in fahr des todes gewertig sein unser feynde zukunft, welche uns dan mechtig umb des evangelion willen mit hessigem grymm vorfolgen". Nur sollen die Fürsten auch nicht die Gegner unterstützen, eingedenk des Bibelwortes: „‚Den gotlosen sult du nit vortedigen.' Weil aber nu der ganzen welt kunt ist, das monche und nonnen abgottische menschen seint, wie mugen sie dan von frumen christlichen fursten vortediget werden mit billigkeit? Wir wollen E. G. und unserm loblichen churf(ursten) alles thun mit leib und gute, das uns billich aufgeleget wirt. Das wir aber weiter den teufel zu Mallerbach solten anbeten gestaten, das unser bruder ym uberantwortet werden zum opfer, wollen wir gleich so wenig thun, wie dem Turgken undertanig zu sein". „Geschicht uns dar uber etwan gewalt, so weis doch die welt und sonderlich die frummen auserwelten Gotes, worumb wir leiden und das wir Christo Jhesu gleichformig werden". Der Adressat wird damit vor die unumgängliche Entscheidung gestellt, ob er durch sein Vorgehen vor dem Urteil der christlichen Welt als Verteidiger der Gottlosen dastehen will oder als „christlicher loblicher furst", der weiß, daß ihm „das schwert zur rache der ubelteter und gotlosen gegeben ist und zur ehre und schutz der frumen".

Wahrscheinlich ist in sachlicher wie zeitlicher Verbindung mit der Eingabe an den Herzog von Rat und Gemeinde auch die „ordenung" beschlossen worden, ein Statut der militärischen Organisation der Bürgerschaft, um im Falle der Notwehr alle Kräfte zu mobilisieren und ihren Einsatz zu regeln. Sie wiederum könnte Ausdruck einer gesteigerten Aktivität des „Bundes" sein, dessen Konstituierung etwa in die Zeit zwischen Ende April und Anfang Mai fallen mag, als man ernstlich mit bedrohlichen Auswirkungen der Tat von Mallerbach zu rechnen begann. Damals fanden sich „uffem statgraben fur Alstedt" um die 30 Mann zusammen, ließen sich in ein Register eintragen und verschworen sich feierlich, „bei dem evangelio zu stehen, monchen und nonnen kein zins mehr zu geben und dieselben helfen vorstoren und vortreiben". Sie verzichteten vorerst wohl aus begreiflichen Gründen auf demonstrative Aktionen, blieben deswegen aber nicht untätig und trugen mit dazu bei, dem Schösser die Durchführung seines Auftrages zu erschweren[29]. Der versuchte vergebens, den renitenten Rat zum Einschreiten gegen verdächtige Elemente zu nötigen, und auch ein von ihm mit dem Schultheiß zusammen ausgeklügelter Plan einer überfallartigen Polizeiaktion wurde vorzeitig bekannt und vereitelt. Am 13./14. Juni stand die Stadt im hellen Aufruhr, die Glocken läuteten Sturm, man machte sich zur bewaffneten Abwehr bereit und forderte von dem Schultheiß, „er solt kurzomb sagen, ob er bei den Euangelio stehen ader dowider sein wolt". Auch der Schösser mußte klein beigeben, zumal er erfuhr, daß „das etlich volgk von bergkgesellen vnd anderen zu vns komen, zu sehen und erfharen, ab der Magister etwas durch einfallunge oder wir vmbs euangeliums willen von vnsern widersachern betrubt". Zum Abschluß der erfolgreichen Abwehr des „Anschlages" kam es am 14. Juni „vffen Radtskeller zu Alstedt" in einem offiziellen Verbündnis der Allstedter mit den gewiß nicht zufällig so zahlreich in der Stadt anwesenden Berggesellen zu einer gegenseitigen Beistandsverpflichtung, „das sie leib vnd leben bei einander lassen vnd zusetzen wolten", falls die, „so dem euangelio anhengig, vberfallen" würden. An die 500 und mehr ließen sich damals einzeichnen und haben „mit aufgeragkten fingern zusamen geschworen", „bey dem wortten gottes zustehen". Müntzer war an dem Geschehen der beiden Tage aktiv beteiligt und ist „das malh bey den pundtmeistern gewest".

Der defensive Charakter der Juni-Unternehmungen ist ebenso offenkundig wie die Müntzer dabei einzig und allein bestimmende religiöse Motivation. Das Bekenntnis zum Evangelium fordert den Widerstand gegen alles gotteslästerliche Wesen und duldet kein Gewährenlassen der Gottlosen; es ist mit ihm unvereinbar, ihnen noch überhelfen zu wollen, erst recht dann, wenn sie „fromme Leute" um des Evangeliums willen mit Haß und Grimm verfolgen. Hier stand also gar nichts anderes zur Debatte als das Recht frommer Christen zu einer entschiedenen Weigerung, sich durch irgendwelche Menschen, die auch rechte Christen zu sein vorgaben und doch dem Verlangen der Gotteslästerer willfahren zu müssen wähnten, zu Bütteln gegen fromme Christen machen zu lassen. Welche Konflikte das freilich in sich bergen konnte, wird an der Gestalt des Schössers Zeiß besonders deutlich. Er war in seinem Amtmanns-Denken noch ganz den Grundsätzen der herrschenden Gesellschaftsordnung verhaftet und sah sich zum Gehorsam gegen seinen Fürsten verpflichtet. Andererseits war er seit einem Jahre von der Verkündigung des neuen Predigers beeindruckt, daß Gott schon in nächster Zeit die Erneuerung der apostolischen Kirche herbeiführen wolle, in der Er allein als der Herr anerkannt werde und sein offenbarer Wille absolute Geltung habe, den der Gläubige jetzt bereits durch seine Heiligung mit allem Ernste zu erfüllen trachten müsse. Die Auseinandersetzung Müntzers mit Ernst von Mansfeld war für ihn problemlos gewesen. In der Mallerbacher Affäre war er im Zwiespalt der Pflichten hilflos und unschlüssig und geriet durch sein Verhalten sowohl bei seinen Oberen wie seinen Untergebenen ins Zwielicht. Bei seinem mündlichen Bericht in Weimar über die völlig fehlgeschlagene Verhaftungsaktion mochte es ihm wenigstens gelungen sein, deutlich zu machen, daß es den Allstedtern gar nicht darum ging, Brandstiftern und Räubern überzuhelfen und sie in Schutz zu nehmen, sondern christliche Brüder, denen man wegen ihres Protestes gegen den Teufelsdienst nachstelle, zu verteidigen; daß man sich nicht damit abfinden konnte, daß der christliche Landesfürst fähig sein sollte, den Gottlosen gegen die Frommen Beistand zu leisten. Die Räte in Weimar mochten sich fragen, ob man mit der Durchführung drakonischer Maßnahmen auf dem richtigen Wege war, die Ruhe in Allstedt wiederherzustellen. Die Entscheidung darüber aber lag bei dem Kurfürsten, und sie zugunsten der Allstedter und seiner selbst durch eine persönliche Berichterstattung zu beeinflussen, war die Absicht seiner wenige Tage später aus eigener Initiative unternommenen Reise nach Lochau. Er machte erneut das Verhalten der Klosterleute für den ganzen Hader verantwortlich und äußerte die Befürchtung, daß, wenn der Kurfürst ihre Machenschaften nicht unterbinde, die Erbitterung des Volkes über sie noch weiter wachsen und „eine merkliche Empörung einreißen“ werde. Mehr noch lag ihm jedoch daran, daß der Prediger „vor offentlicher versammlung vnd vor den gelartten verhort“ würde, damit jedermann weiß, woran er mit ihm ist: „Ist sein lere recht vnd mit nicht zu widerfechten, darob zu halten, wue aber die selbe lere strefflich befunden, In fuglicher weys douon zu weyssen vnd dan von diesem ortt abzuzihen zuuorfugen“. „Wan es vff soliche meynung uffs furderlichst nit gericht wirdet, so wirt er vom gemeinen Man mit seiner lere, die so mechtig angehet, ein solchen anhang erlangen, das es muhe vnd arbett haben will. So wirt ein solicher auffrur an dem ort werden, das sich e.c.f.g. ampt lenger mit friden vnd on nachteyl nit aussrichten kan noch vormag“. Zeiß war bis an die Grenze des ihm überhaupt Möglichen gegangen – und das Ergebnis? Die Allstedter erfuhren eine scharfe Zurechtweisung und wurden erneut zur strikten Befolgung der ihnen am 9. Mai erteilten Weisungen aufgefordert. Die Enttäuschung in Allstedt über diesen Bescheid des Landesherrn wurde vielleicht dadurch gemildert, daß Müntzer von dem durchreisenden Herzog Johann am 1. Juli angewiesen wurde, etwa zwei Wochen später vor ihm zu predigen.

6. DIE „FÜRSTENPREDIGT"

Müntzer konnte den Sinn des ihm von Herzog Johann erteilten Auftrages nicht mißverstehen. Man erwartete von ihm eine Predigt, die das Besondere seiner Verkündigung zu erkennen gab, sowohl die nach seinem Verständnis für eine reformatorische Glaubenshaltung wesentlichen Elemente als auch die nach seiner Überzeugung sich daraus ergebenden praktischen Folgerungen, d. h. die Forderungen an die „evangelische" Christenheit zur Verwirklichung reformatorischer Christlichkeit. Er entzog sich dieser Aufgabe nicht durch den Rückzug auf eine abgesicherte Position; vielmehr nahm er die Gelegenheit wahr, eben diesen Hörern in dieser Stunde und an diesem Orte das zu sagen, was einer christlichen Obrigkeit im rechten Gehorsam gegen Gottes Wort in der Verantwortlichkeit ihres Amtes für die Christenheit zu tun gebühre. Waren die Fürsten[30] vielleicht nach Allstedt gekommen, um Müntzer vor die nüchterne Frage, „von weltlicher Obrigkeit, wie weit man ihr Gehorsam schuldig sei", zu stellen und ihn im Sinne der von Luther darauf gegebenen Antwort festzulegen, so trat er ihnen gleichsam mit der Frage „von christlicher Obrigkeit, wie weit sie Gott Gehorsam schuldig sei" entgegen und schaltete in der Konsequenz seiner Ausführungen darüber jene andere Frage als ein selbständiges Problem faktisch aus. Müntzer meisterte in souveräner Überlegenheit diese Stunde, die doch schon als eine Art „Verhör" des suspekt gewordenen Außenseiters gedacht war. Der von ihm gewählte Text (Daniel 2)[31] bot ihm bei seiner Interpretation die Möglichkeit, seine Geisttheologie mit Einschluß der These über die Traumgesichte als biblisch begründet zu erweisen, bot ihm weiterhin die Gelegenheit, die Schriftgemäßheit seiner unermüdlichen Rede von der nahen Veränderung der Welt als letzten ernsten Appell Gottes an die gegenwärtige Generation aus der „Danielischen Geschichtsschau" heraus einsichtig zu machen. Zugleich war die deutliche Parallelisierung von Nebukadnezar und den chaldäischen Weisen sowie Daniel einerseits mit den sächsischen Fürsten und Luther sowie Müntzer andererseits ein kaum verhüllter Hinweis, auf ihn als den „neuen Daniel" zu hören, dessen prophetischer Geist sie mahnt, ihr Amt zum Schutze der Frommen und zur Vernichtung der Gottlosen in diesem endgeschichtlichen Augenblick mit vollem Einsatz ihrer Macht wahrzunehmen.

In beziehungsvoller Parallelisierung mit der „abgöttischen Weise" der alttestamentlichen Gemeinde wie dem Verfall der apostolischen Kirche deckt er die Ursachen des trostlosen Zustandes „der armen elenden zurfallenden christenheyt" in der Gegenwart auf – nicht ohne Anspielungen auf Mallerbach –, macht er die „faulen, nachlessigen diner" der Kirche dafür verantwortlich, dazu, die „falschen propheten" (= Wittenberger), vor denen schon Paulus hellsichtig gewarnt hat, nicht zuletzt die Regenten als die „Bauleute", die den „aufgerichteten Eckstein" Christus verworfen haben. Das alles mußte so kommen, weil man „die reine Erkenntnis Gottes" verwarf, den „Geist Christi" verspottete und so das Wesentliche des christlichen Glaubens, was ihn recht eigentlich von Heiden, Türken und Juden in seiner Besonderheit ausmacht, gar nicht erfaßte. Wir müssen wieder „Gottis rechte schuller werden, von Gott geleret", müssen vor allem seiner Offenbarung „teglich gewertig sein"; denn er redet auch heute noch unmittelbar zu uns. Es kommt alles darauf an, daß wir uns ihm völlig offen halten, statt auf „die listigen anschlege der spitzklugen" zu hören, die mit ihrer eingebildeten Weisheit die reine Erkenntnis Gottes nur verdunkeln. Das Versagen der klugen Ratgeber Nebukadnezars mit ihrer nichtigen Ausrede, daß die Götter „kein gemeinschafft mit den menschen auff erden haben" (Vulgata: quorum non est cum hominibus conversatio!), ist mit der gleichen Hintergründigkeit verkehrten, glaubensfremden Wesens bis zur Stunde typisch geblieben für die überklugen Schriftgelehrten, die auch eine so klare Aussage wie die des Paulus in Phil. 3,20 (Vulgata: conversatio nostra in coelis est) ernstzunehmen nicht willens sind, „die do offendtlich die offenbarung Gottis leugknen und fallen doch dem heyligen geyst in sein handtwerck, wollen alle welt unterrichten". Die Faktizität der fortschreitenden göttlichen Offenbarung ist nicht zu bestreiten; daran ändert auch die Tatsache „der hessigen betrigerey der gantz vorfluchten, vorgifftigen mönchtrewme“ nichts, „durch wilche der teuffel alle seynen willen ins werck bracht, ja auch viel frumer außerwelten unerstatlich betrogen hat“. Echter Glaube hat ein sicheres Urteil über alles, was „afftterglaube“ ist, „was uns von Gott gegeben sey odder vom teuffel oder natur“, nicht auf menschlicher Einbildung beruht oder trügerischem Wahne, sondern auf der Gewißheit des „im abgrund des hertzen“ vernommenen „innerlichen wortes“. Allerdings sind dem Frommen vermittelte Träume und Gesichte Anzeichen dafür, daß die Begegnung mit Gott nicht in der letzten Tiefe radikaler Selbstentäußerung des Menschen erfolgt ist. Ihre Gültigkeit ist darum nicht geringer, nur muß sich der Gläubige vor der Irreführung durch subjektive Wunschträume durch eine kritische Selbstkontrolle schützen und „gar wol zusehn, das solcher figurn gleichnis in den gesichten oder trewmen mit allen yren umbstendigkeiten in der heilgen biblien bezeuget seint, auff das der teufel nit darneben einreysse“. Die Schrift übt somit die Funktion einer Kontrollinstanz, insofern sie als legitimes Zeugnis der Wirksamkeit des heiligen Geistes in der Vergangenheit durch die aufweisbare Identität der Wirkungsweise die Bekundungen desselben heiligen Geistes in der Gegenwart verifizieren und legitimieren kann.

Erst um die Mitte der Predigt wurde dem Hörer ganz einsichtig, worauf die eingehende Erörterung der Offenbarungs-Frage letztlich abzielte. Die Warnung vor Luther ließ an Deutlichkeit nichts mehr zu wünschen übrig: „bruder mastschwein und bruder sanfftleben“ ist heute so wenig, wie damals die Weisen Nebukadnezars es waren, berechtigt und befähigt, den Fürsten die rechte Erkenntnis zu vermitteln, was Gott ihnen als verantwortlichen Regenten in der gegenwärtigen Situation als seinen Willen kund tun will. Denn „wer den gesichten feint sein“ will, der versteht nicht die Zeichen der Zeit, die jetzt die Veränderung der Welt ankünden. Müntzer hingegen bot sich als der rechte Prediger an, der in der Vollmacht des Geistes erkannte, daß die bisherige Geschichte unwiderruflich ihrem Abschluß entgegengeht und ihre letzte Phase – das 5. Reich der Danielischen Weissagung –, deren Eigenart durch die Vermischung von weltlicher und geistlicher Gewalt charakterisiert war, ihrem Ende nahe ist. „Man sicht itzt hubsch, wie sich die öle und schlangen zusammen verunkeuschen auff einem hauffen. Die pfaffen und alle böse geistlichen seint schlangen, wie sie Joannes, der teuffer Christi, nennet ... und die weltliche herren und regenten seint öle, wie figuriert ist Levit. am 11. capitel von vischen". Der Sinn dieses Bildes als einer grotesken Variante des verselbständigten Elementes im Traumgesicht Nebukadnezars ist nicht ein allgemeiner Protest gegen die „Verbindung von Kirche und Staat, modern ausgedrückt die kirchlich-feudale Epoche"[32]; vielmehr die Bloßstellung der in Lug und Trug sich ergehenden, nur der Befriedigung selbstsüchtiger Gelüste dienenden Vereinigung, in der sich heuchlerisches Pfaffentum und weltliche Zwingherrschaft zusammentun, um in gegenseitiger Unterstützung ein gottlos unchristliches Wesen aufzurichten und aufrecht zu erhalten. Nicht einem Zusammenwirken als solchem gilt das Verdikt, sondern der zu gottwidrigen Zielen und Methoden verschworenen Einträchtigkeit, in der sich geistliche und weltliche Gewalten zum Verderb des wahren Christentums einander überhelfen.

In der entscheidenden Stunde aber, die Gott dem Nebukadnezar geoffenbart hat und die jetzt anhebt, kann niemand mehr die Rolle des passiven Zuschauers spielen. Der Christusgeist führt kein Winkeldasein mehr; dem Volke sind die Augen schon aufgegangen, „die armen leien und bawrn sehn yn viel scherffer an dann yr". Nun müssen auch die Regenten die richtige Entscheidung treffen und danach in entschlossener Folgerichtigkeit handeln. „Darumb, yr allerthewrsten, liebsten regenten, lerndt ewer urteyl recht auß dem munde Gottis und last euch ewre heuchlisch pfaffen nit verfüren und mit getichter gedult und gute auffhalten". „Tretet keck auff den eckstein, wie der heylige Petrus that ... und sucht die rechte bestendickeyt göttliches willens. Er wirt euch wol erhalten auff dem stein ... Ewre genge werden richtigk sein, suchet nohr stracks Gottis gerechtigkeit und greyffet die sache des evangelion tapffer an. Dann Gott steht so nah bey euch, das yhrs nicht gleubt. Warumb wolt yr euch dann vorm gespenst des menschen entsetzen". Aus diesen Worten spricht wahrlich nicht das „Selbstbewußtsein eines Revolutionärs, der seiner Sache und seiner Gefolgschaft sicher ist“, sondern der Eiferer für Gottes Sache in der Gewißheit des ihm von Gott gewordenen Auftrages, der als ein neuer Daniel den Fürsten auslegt, was sie als „Anspruch“ Gottes wohl in sich wahrnehmen, aber dank dem Versagen der von ihnen gewählten geistlosen Ratgeber nicht verstehen. Würde ihnen das erst einmal richtig aus- und dargelegt werden, würden auch sie nicht anders als Nebukadnezar über die „vorzweifelten bösewicht“ ergrimmen, die durch ihre „betriegerey“ erreicht haben, „das yr also gütigk gewesen seyt“, und „wurdet yr eben solchen yfer gewinnen, wie Jehu, der könig“, der den Baalsdienst in Israel mit Feuer und Schwert ausrottete.

Müntzer wendet sich gegen die lutherische These, „die fursten seindt heydnische leuthe yres ampts halben, sie sollen nicht anders dann burgerliche einigkeyt erhalten“. Hatte er vorher die durch eigennützige Ziele und Methoden bestimmte Interessengemeinschaft und Kooperation von „Staat und Kirche“ als eine verderbenbringende Perversion verurteilt, so lehnte er jetzt den Versuch ab, den Funktionsbereich der weltlichen Obrigkeit von allen geistlichen Belangen zu isolieren und ihr im Grunde nur die Verantwortung für die Aufrechterhaltung der bürgerlichen Einigkeit zu lassen. Als wenn es nicht auch, ja in erster Linie Pflicht christlicher Regenten sei, kraft ihres Amtes dafür zu sorgen, daß das Evangelium ungehindert seinen Lauf in dieser Welt nehmen kann und der Wille Gottes in ihr verwirklicht wird. Gott will den aktiven Einsatz der Obrigkeit mit den Mitteln der ihr verliehenen Macht, auch des Schwertes, gegen die Feinde des Evangeliums. Gott will auch das Risiko eines nach menschlichen Begriffen schier aussichtslosen Einsatzes für den Namen Gottes, und „ir dörfft nicht zcweyffeln, Gott wirt all ewr widdersacher zu drümmern schlaen, die euch zu vorfolgen undtherstehn“. Ja, Gott will die gewaltsame Vernichtung aller, die ihm entgegen sind und den Gläubigen Ärgernis geben. „Solt yhr nw rechte regenthen sein, so müst yhr das regiment bey der wortzeln anheben und wie Christus befolen hat. Treibt seyne feinde von den außerwelten, dann yhr seyt die mitler dozu“. „Mittler“ umschließt Pflicht und Recht zu solchem Tun; deshalb darf man sich nicht hinter die Ausflucht zurückziehen wollen, „das die krafft Gotis es thun sol an ewr zuthun des schwerts". Allerdings, „yhr werdet darüber ein grosses creutz und anfechtung müssen leyden, auff das euch die forcht Gottis erkleret werde". Das Leiden gehört in das Erziehungsprogramm Gottes, behält jedoch immer das positive Vorzeichen, wird sich auch hier als notwendiger Durchgang zum Siege des Glaubens erweisen. „Drumb, yhr thewren veter von Sachssen, ir must es wogen umb des evangelion willen".

Der Prediger bekennt sich bis zum Schluß prononciert zum ‚Radikalismus' des von ihm in Übereinstimmung mit der Schrift geforderten unduldsamen Vorgehens gegen die „Abgötterei". Er denkt wohl an eine je nach dem Grade des Widerstandes abgestufte Verfahrensweise der Säuberungsaktion, aber am Ende steht immer die völlige Entmachtung der Gottlosen. Er bekennt sich ebenso zum „Rigorismus" bedingungsloser Einsatzbereitschaft der Erwählten für die Erneuerung der Kirche, in der Gott als der alleinige Herr anerkannt wird: „Der wil das regiment selbern haben, dem alle gewalt ist gegeben im hymmel und auff erden!" – So präsentiert sich Müntzer seinen fürstlichen Hörern als der „neue Daniel", der „forn ... an der spitze gehn muß" und dessen Aufgabe es ist, „den zcorn der fursten und des ergrymten volcks [zu] vorsunen", das heißt den Unwillen beider über die trostlose Situation der Kirche und über die dafür verantwortlichen geistlichen wie weltlichen Instanzen zu einer gemeinsamen Aktion entschlossenen Widerstandes zu mobilisieren, um durch eine allein Gottes Willen geständige Christenheit die grundlegende Veränderung der Welt ins Werk zu setzen.

Die Intention des Allstedters ist in der neueren Literatur weithin tendenziös entstellt worden. Nach Hinrichs etwa war diese Predigt „für ihn nicht nur eine ... wichtige Gelegenheit zur Entwicklung seiner politischen Gedanken, sondern auch ein Glied seines politischen Handelns"[33]. „Sein Ziel erblickt er unter dem Bilde der Rückkehr der Menschheit zu einem gesellschaftlichen Zustand, der schon einmal, wenn auch zahlenmäßig beschränkt und nur vorübergehend, vollkommen dagewesen ist: zu dem urchristlichen ‚Liebeskommunismus'"[34]. Aus dem gewaltsamen Sturz der alten Kirche „soll eine wirkliche gesellschaftliche Neuordnung entstehen"[35], eine „klassen- und eigentumslose Gemeinschaft der durch den Besitz des ‚Geistes' ‚Auserwählten'"[36]. Das „ist für Müntzer die ‚Kirche' – ein durch ein herkömmliches Wort ausgedrückter Begriff für etwas Neues: für ein ‚Gesellschafts'-Ideal, in dem Staat, Klassen, Eigentum aufgehoben sind"[37]. Es liegt auf der Hand, wie hier durch eine moderne ideologische Verfremdung des Textes aus dem konsequenten Reformator der in ihrer religiösen Substanz und kirchlichen Zuständlichkeit von Grund auf verderbten Christenheit ein gegen die bestehende politisch-gesellschaftliche Ordnung rebellierender Systemveränderer gemacht wird. Daß die Erfüllung des Gotteswillens auch einen Wandel der menschlichen Beziehungen untereinander herbeiführen wird, war für Müntzer gewiß nicht nebensächlich, aber es war und blieb für ihn sekundär.

7. DAS RECHT DES PASSIVEN WIDERSTANDES

Wir erfahren nicht, wie die Hörer die Predigt „auffm schlos zu Alstet“ aufgenommen haben. Sie erschien jedoch alsbald im Druck, obwohl der kurfürstliche Kanzler Brück Müntzer damals gleich die Anweisung Friedrichs bekanntgab, nichts ohne die vorherige Genehmigung durch den Landesherrn oder Herzog Johann drucken zu lassen, und der Prediger sich mündlich wie schriftlich der Zensur unterwarf. Die am gleichen Tage noch dem Herzog eingereichte Erklärung war freilich so eindeutig nicht, daß sie diesem nicht berechtigten Anlaß zum Argwohn gegeben hätte, zumal darin erneut das Verlangen nach einem „Verhör“ vor einem breiten Forum zugleich mit der Weigerung vorgebracht wurde, lediglich vor Luther und den Wittenbergern zu erscheinen. Waren das denn nicht auch die vorgesehenen, bzw. von dem Allstedter vermuteten Zensoren? Aber trotz der auferlegten Zensur hatte der 13. Juli Müntzer anscheinend Auftrieb gegeben und mit dazu beigetragen, daß er sich entschloß, durch persönliche Kontaktaufnahme nun auch über die relativ engen Grenzen seines bisherigen Wirkungsbereiches hinaus Männer und Gemeinden für seine „Verbündnis“-Pläne zur Entmachtung der Gottlosen zu gewinnen. Das dürfte jedenfalls die Absicht des Briefes gewesen sein, den er in diesen Tagen an Karlstadt schrieb, und dem ein sichtlich von ihm insinuiertes Schreiben der Allstedter Gemeinde an die Orlamünder parallel ging. Karlstadts wie der Orlamünder eindeutige Absage war für ihn um so enttäuschender, als er gerade von daher eine derart frappierende Mißdeutung seines Anliegens nicht erwartet haben dürfte. Es war doch einfach absurd, ihm zu unterstellen, er verleite die Gläubigen dazu, ihre Hoffnung auf Menschen zu setzen, wo er genau umgekehrt verlangte, allein im Vertrauen auf Gott den nach menschlichem Ermessen aussichtslos erscheinenden Kampf gegen die Unterdrücker des Evangeliums zu wagen. Verstand man nicht, daß sein „screyben widder keine herschaft angericht, allein widder dye unverschempte Tyranney"? Karlstadts Rückzug auf eine abwegige Erleidenstheologie provozierte ihn mehr als das „ohn menschliche gewalt, handt und unterdrucken" des Kurfürsten. Daß die Orlamünder ihr Antwortschreiben – noch dazu in Wittenberg! – drucken ließen, quittierte er mit der Bemerkung, sie hätten nur „eynen briff gegeben, der der menschen forcht also eynen viserlichen deckel gybt, das es wunder ist etc".

Noch ehe er Karlstadts Antwort kannte, wandte er sich zwei Tage nach der Fürstenpredigt auf Bitten des Sangerhäuser Pfarrers Thilo Banse an die „gotforchtigen" dort mit der Mahnung, trotz aller Bedrängnis treu zum Evangelium zu stehen[38]. Das Schreiben ist – mit zwei weiteren – ein gern übergangenes Dokument, das aber wesentlich zum sachlichen Verständnis der auf dem Allstedter Schloß gehaltenen Predigt beitragen kann. Hier, wo er sich nicht an die Herrschenden, sondern an die Beherrschten wendet, fordert er eindeutig allein den Widerstand des freien Bekennens zum Evangelium, der in seiner gesammelten Kraft durch sich selbst zu einer Macht wird, vor der der Gegner kapitulieren muß. Es geht um einen mit aktiver Energie geladenen passiven Widerstand. Die einzige Waffe und die wirkliche Stärke der Gläubigen ist die reine Gottesfurcht, die um Gottes Willen schlechterdings alles preisgibt, was die Menschen sonst „auf erden forchten durch den furwitz der ungleubigen natur fleischlichs vorstands", die in der Überwindung aller Menschenfurcht absolut gefeit ist gegen jegliche menschliche Drohung; die in ihrer unnachgiebigen Beharrlichkeit den Feinden Gottes ihre faktische Machtlosigkeit vor Augen führt, so daß sie verzagen. Dieser Akt massiver Resistenz bedeutete für Müntzer keineswegs den fragwürdigen Versuch, sich auf die Hilfe von Menschen zu verlassen. In ihm bekundete sich für ihn primär der Wille und die Macht Gottes, der sich freilich des Menschen als seines Werkzeuges zur Durchführung seiner Pläne bedient. Gott hat die Initiative ergriffen, sucht und sammelt Menschen zu seinem vorgesehenen Werke; er macht sozusagen den Auserwählten Mut, die „ferligkeit der ding" zu wagen, „die wir auf erden forchten ... Darzu sal euch bewegen gotliche guthe, die ytzt solchen reichlichen vorrat hat, das meher dann 30 anschlege und vorbundnis der auserwelten gemacht sein". Das war jedenfalls kein Aufruf zu einer nach Motiven und Tendenzen in der menschlichen Interessensphäre sich bewegenden Selbsthilfeaktion, geschweige denn ein revolutionäres Manifest.

Gleichzeitig sieht er sich in der Bewährung seiner eigenen Zeugenschaft und in der Solidarität des Glaubens genötigt, bei der Obrigkeit von Sangerhausen für die bedrohten Brüder, insbesondere ihren Prediger, einzutreten. Er warnt davor, sie wider besseres Wissen nur auf Befehl von oben zu verfolgen; andernfalls „wil ich widder euch screyben, singen und lesen, euch das allerergeste thun, das ich um mher (immer) gedenken kan". Die Zeit faulen Kompromißlertums, das Christusbekenntnis und Christenverfolgung miteinander vereinen zu können wähnt, ist vorbei. Er wird noch schärfer: „Ich sags euch bey meyner treu, werdet yhr euch in selbygen nit besseren, so wyl ich dye leute nit lengher aufhalten, dye euch wollen belestigen". Just der Mann, den man schon damals zum Propagandisten aufrührerischer Gedanken erklärte, hatte also die Stirn zu sagen, er habe bisher die Leute aufgehalten, sich zu Tätlichkeiten gegen ihre Bedrücker hinreißen zu lassen? Mir scheint es nicht angängig, ihm diese Worte nicht als Ausdruck seiner ehrlichen Überzeugung abzunehmen. Müntzer wollte und schürte mit Leidenschaft den Aufruhr der Gewissen; aber dem Gedanken eines illegalen Eingriffs in die ordentliche Gewalt hatte er sich bis zu dieser Stunde noch verschlossen.

Das bestätigt vier bis fünf Tage später ein dritter Brief, in dem er zu einer die Brüder „des tyrannischen gefengknis zu Sangerhausen" bedrängenden Frage Stellung nimmt: „Wie yr aufs hochste betrubet seyt und doch angelobet den tollen wansynnigen menschen und tyrannen, euch wider einzustellen ins gefengknis und dorzu meins raths zu brauchen begert". Eine sichere, das Gewissen beruhigende Antwort, so führt er in eingehender Erörterung aus, ist einzig und allein aus der Erkenntnis der Furcht Gottes heraus zu geben. Sie aber läßt keinen falschen Kompromiß zu und wehrt aller kreatürlichen Anfechtung, menschlichen Geboten willfährig zu sein, statt Gottes unbedingtem Willen durch Kreuz und Leiden hindurch zu gehorchen. Es gilt wohl zu bedenken, daß jetzt die von Christus vorausgesagte „ferliche zeyt" gekommen ist, „das eyn ytzlicher, der do gerne recht thet und sich zum heyligen evangelio meygen wolt, muß vor den gotloßen ein ketzer, ein schalk und ein bube, oder wie sie es erdenken mugen, gehalten werden". Da muß ein „frommer mensch ... gelassen stehen umb Gotts willen und sich erwegen (= preisgeben) seyns leybs, gutts, hauß und hoff, kynder und weyber, vater und mutter sampt der ganzen welt". „Also ... solt yr euch, wo yr gefordert werdet, wyder inn stellen ins gefengknis oder gehorsam ... Wollen sie euch aber um gelt buessen, so gebet dem teufel ummer hyn, was er haben wyl, allein behalt gewyssen frey und ledig und last euch dasselbige mit tyrannischem gebot nit vorstricken ..." „Derhalben last die tyrannen eyne kleyne weyle yren muetwillen an euch uben, dann die welt hat nicht ander herrn und fursten vordinet mit yrem unglauben. Darumb so last sie euch plagen, so lange es ynen Got gonnen wil und bys yr euer schuld erkennet". Auch nicht von ferne nur klingt bei Müntzer der Gedanke an eine gewaltsame Erhebung an, deren vordergründiges Ziel etwa die Beseitigung wirtschaftlich-sozialer Notstände sein soll. Wohl aber sieht er voraus, daß im Kampfe zwischen Glauben und Unglauben die unbeugsame Härte des wachsenden Widerstandes der Gottesfürchtigen die Gottlosen in ihrer hoffnungslosen Verzweiflung noch zu einem mörderischen Wüten treiben wird, durch das ihr Schicksal endgültig besiegelt ist. So konzentriert sich sein Schreiben zum Schluß noch einmal auf den entscheidenden Punkt: Bewährt in Gottesfurcht und Gottvertrauen den festen Mut zu offenem, klaren Bekenntnis. „Dann Got kann seyne auserwelten nicht vorlassen, ob er sich wol zu zeyten also stellet, aber er thuet die rache zu rechter zeyt".

Die Forderung, sich rückhaltlos in Wort und Tat zur evangelischen Wahrheit zu bekennen, ist die einheitliche Grundlage der scheinbar so divergierenden Auslassungen in der Fürstenpredigt auf der einen, den Sangerhäuser Briefen auf der anderen Seite. Beide Male ist er durchaus der Meinung, sich im Rahmen der Legalität zu bewegen, die einer christlichen Obrigkeit freilich kraft ihrer Herrschaftsfunktion andere Rechte gibt und andere Pflichten auferlegt als zumal den unter einem gottlosen Regimente lebenden Untertanen, deren vornehmstes Handeln unter Umständen das duldende Bekennen ist und

die nicht in der Weise der „legitimen“ Machthaber aktiv die Beseitigung des widergöttlichen Unwesens betreiben können. Nur – wo blieb in eben diesen Tagen die von ihm erwartete positive Reaktion der „christlichen“ Obrigkeit auf den an sie in seiner Predigt doch deutlich genug gerichteten Appell?
Die seit Mitte Juli einsetzende stärkere Verfolgung der Anhänger Müntzers in den an die kursächsische Enklave angrenzenden Gebieten ließ eine wachsende Zahl von Flüchtlingen in Allstedt Zuflucht suchen, wo sie sich unter dem Schutze „evangelisch“ gesinnter Fürsten vor dem Zugriff ihrer Häscher sicher wähnten[39]. Doch diese Sicherheit schien nach einer angeblichen Erklärung von Zeiß in Frage gestellt, derzufolge er die Geflüchteten gemäß den geltenden Vereinbarungen auf Ersuchen der zuständigen Amtleute ausliefern müsse. Die Entrüstung der Betroffenen war verständlich und veranlaßte Müntzer zu einem geharnischten Protest, zumal er argwöhnte, daß der Schösser einer Anweisung der Regierung in Weimar nachkam. War dem wirklich so, wiederholte sich also in potenzierter Form das verwerfliche Verhalten im Falle der Mallerbacher Täter; man ließ auf dem eigenen Hoheitsgebiet die Feinde des Evangeliums ihr Unwesen treiben und leistete ihnen noch Hilfe bei der Verfolgung der Gläubigen. Der erste Zorn des Predigers traf mit aller Härte den Amtmann, von dem er unverhüllt den Widerstand gegen formalistische Gepflogenheiten eines mißbrauchten Ordnungssystems forderte, das die frevelhafte Mißachtung selbst des natürlichen Rechtes durch den „erzreuber Fridrich von Witzleben“ ungeahndet ließ. Warum lehnten sich die „amptleuthe in allen pflegen“ nicht in einem offenen Protest gegen die Ruchlosigkeit gemeinen Landfriedensbruches auf, die die natürlichen Grundlagen aller gesellschaftlichen Ordnung zerstört und den Rechtsbrecher durch seinen gemeingefährlichen Frevel selber rechtlos gemacht, ihm das Existenzrecht genommen hat? Deutlicher, so sieht es Müntzer an, kann rechtliche Gewalt ihre Selbstauflösung gar nicht dokumentieren, die durch derartige Provokationen notwendig dahin führen muß, „das das grausame wesen des unfrydes wyrt angehen“. Die schamlose Vergewaltigung des Rechtes ist der signifikante Ausdruck dafür, „das sye vom christenglauben ganz und gar nicht [s] halten“.

Was soll man jedoch von den der Reformation zugewandten Fürsten denken, wenn sie dem allen tatenlos zusehen? Was von ihm, dem Allstedter Amtmann, halten, wenn er meinte, als gehorsamer Beamter den ihm erteilten Auftrag trotz eigenem Bedenken ohne Widerspruch ausführen zu müssen? Grundsätzlich verlangt der Prediger von Zeiß nichts anderes als die Bewährung echten Christseins. Als Repräsentant fürstlicher Gewalt ist er verpflichtet, seine weltlichen Herren als die zuhöchst Verantwortlichen auf die drohende Gefahr revolutionärer Unruhen aufmerksam zu machen und sie noch rechtzeitig zum Einschreiten gegen diejenigen zu bewegen, die diese Unruhen durch ihre brutale Willkür geradezu provozieren. Schlagen die Fürsten jedoch seine Warnungen in den Wind, befehlen sie ihm sogar selber ein Vorgehen gegen die um ihres Glaubens willen Vertriebenen, muß er sich von den fragwürdigen Bindungen einer sterbenden Zeit freimachen und ohne Rücksicht auf die möglichen Folgen für sein Amt oder seine Person sich schützend vor die verfolgten Glaubensgenossen stellen. Hier wird deutlich, wie fließend die Grenzen zwischen aktivem und passivem Widerstand sein können und dennoch kein revolutionärer Umsturz angestrebt wird. Müntzer entschärfte seine Kritik und seine Androhungen wohl auf Grund der Vorhaltungen des gekränkten Schössers noch am gleichen Tage ein wenig und suchte ihn durch die Versicherung zu beruhigen, „Ir solt euch nicht anderst dan das allerbeste zu myr vorsehen“. Jedoch verstärkte er sein Bemühen, den Willen zu passivem Widerstand zu aktivieren, und gab auch trotz allem die Hoffnung noch nicht auf, daß die ordentlichen Gewalten in den kursächsischen Landen aus der vorsichtigen Haltung wohlwollender Neutralität endlich zu aktiver Parteinahme für die Sache des Evangeliums übergehen, sich mit dem gläubigen Volke zu Schutz und Trutz wider die Gottlosen zusammenschließen würden.

Am Sonntag (24. 7.) predigte er über die Aktualität von 2. Könige 22 f.[40]: Fürst und Volk schließen einen Bund mit Gott und verpflichten sich zur kompromißlosen Beseitigung des Götzendienstes. Eben das gilt es heute in entsprechender Weise nachzuvollziehen, wo das Evangelium – so wie damals „das buch des gesetzes“ – neu ans Licht gebracht worden ist. Feierlich erklärte er vor der Gemeinde, „er wolle offentlicher feyndt sey[n] aller tirannen, die sich wider das evangelium setzen, vnd man sehe offentlich, das sich etliche herrn wider das evangelium vnd den cristlichen glawben setzen, denselben geren wolten austilgen, vnd nochmals hefftig das volgk vermant, sich zusamen zu verbinten vnd dogegen, wue die gewalt Ir schwert zuge, das sie Ir schwerdt auch ruckt und weiset". Schon tags zuvor hatte er die aufgeschreckten Flüchtlinge aufgefordert, „sich zu verbinden", und sie waren „sambt etlichen Inwonern zu alstedt" dem Anraten des Predigers gefolgt. Der Bund bedeutet also im Verständnis Müntzers als „Bund mit Gott" in Analogie zum Josiabund die volle Hinwendung zum wahren Gott als dem alleinigen Herrn, das Bekenntnis zum und den Einsatz für das Evangelium gegen die Gottlosen, bedeutet zugleich den Zusammenschluß der Gläubigen, der Fürsten wie des Volkes, als des einheitlichen Bündnispartners Gottes. Der Bund mit Gott ist als Bezeugung der Rückkehr zu Gott konstitutiv für alle einzelnen Verbündnisse in der gegenwärtigen Situation des Überganges. Die vorerst noch situationsbedingten lokalen Zusammenschlüsse bilden demzufolge wohl eine ideologische, aber keine organisatorische Einheit ungeachtet der Tatsache, daß sie sich als Bundespartner Gottes zu gegenseitiger Hilfe und Unterstützung verpflichtet wissen.

In der Wahl des Predigttextes bekundet sich nicht zuletzt, wie die sich immer deutlicher abzeichnende Notwendigkeit, bei der Abwehr der Tyrannei der Gottlosen schließlich auch zum Schwerte greifen zu müssen, ihn förmlich dazu drängte, die ernestinischen Fürsten zu bestimmen, sich endlich zum Schutze der Frommen einzusetzen. Schon auf dem Allstedter Schloß hatte er sie auf diese eigentliche Funktion des Schwertes hingewiesen und gesagt: „das aber dasselbige nw redlicher weyse und fuglich geschee, so sollen das unser thewren veter, die fursten, thun, die Christum mit uns bekennen". Nun wiederholt er über den Schösser (am 25. 7.) seinen dringenden Appell, nicht ohne zu unterstreichen, daß sie sich nur durch Luther zu einem Glaubensverständnis haben verleiten lassen, das sie für den Anspruch Gottes in dieser Zeit taub macht und ihnen ihre Passivität als gerechtfertigt erscheinen läßt. Sie begreifen ihre Funktion als Werkzeuge Gottes im Vollzuge seines Willens heute noch nicht, und doch liegt auf ihnen eine besondere Verantwortung, da ihr Tun und Lassen auch für die Haltung der Menge überaus bedeutsam ist; ist doch „dye christenheyt nach zur zeyt ungeschickt, yhr blut umbs glaubens willen zu vorgissen“. Er ist überzeugt, daß eine „evangelische Einheitsfront“ (der Bund!) den Übergriffen der Ungläubigen wehren kann, die freilich grundlegend anders geartet ist als ein politisches Bündnis alten Stils, das unter rein menschlichen Aspekten menschliche Ziele mit Hilfe menschlicher Sicherungen nur zu erreichen trachtete. Fürsten und Volk müssen sich vielmehr unter dem Willen Gottes zusammenfinden, um sich durch ihn zu seinem Dienste willfährig und stark machen zu lassen: „drumb mussen sye mit yrem eygen volk pflicht und eyde der heydenschaft vorwandelen in eynen getreulichen bund gotliches willes.“ So wird einmal erreicht, „das yhr volk mit sichtigen augen sehe, das sye etwas dar bey thun“, zum andern „wirt der unzeliche hauffe der gotlosen also ganz gemmerlich vorschrecken, das sye in der weyten welt nicht werden wissen zu bleyben“. Eindeutig stellt Müntzer damit den Abwehr- und Notwehrcharakter seines Bundes heraus. Er soll ganz realiter Macht gegen Macht setzen, um dadurch die Gegner im Zaume zu halten; sein Sinn und Inhalt ist: „alleyne umbs evangelion willen“. Das „alleyne“ erfährt noch eine ausdrückliche Explizierung, um jedem Verdacht zu wehren, daß die Bündnispartner unter der Parole „evangelischer Freiheit“ höchst eigennützige Ziele verfolgen könnten. „Wan aber daruber buben und schelk darunter weren, zu mißbrauchen solchs bundes, so sol man sye yren tyrannen uberantworten ader selbst nach gelegenheit der sache richten. Auch muste das sunderlich der fronden halben ym bunde hoch vorfasset werden, das dye bundgenossen nit dorfen denken, das sye durch das solten gefreyet werden, yren tyrannen nichts zu geben, sundern sollen sich halten, wye der son Gottis mit Petro than hat, Matth. am 17. (V. 24–27), auf das etliche bose menschen nit dorfen gedenken, das wyr uns umb der creaturn willen zu behalten vorbunden hetten“[42].

Es gehört zu den grotesken Äußerungen neuerer Müntzer-Interpretation, die angeführte Matthäus-Stelle im angeblichen Sinne Müntzers so auszulegen, als bedeute das ‚auf daß wir sie aber nicht ärgern': „aber um des ‚Anstoßes' willen, d. h. aus taktischen Gründen" – so als habe er die ihm an sich zentrale „soziale" Frage vorerst zurücktreten lassen, um dem Bunde alles zu nehmen, „was ihn in den Augen der Fürsten gefährlich machen könnte"[43]. Müntzers eindeutiger Satz im Anschluß an seinen Verweis auf das Gebot Jesu an Petrus, „auf das etliche bose menschen nit dorfen gedenken, das wyr uns umb der creaturn willen zu behalten vorbunden hetten", wird auf diese Weise zu einer listigen Täuschung und hinterhältigen Lüge gestempelt. Ähnlich soll auch die Betonung des defensiven Charakters des Bundes insbesondere mit auf taktische Überlegungen zurückzuführen sein. Der Prediger erklärte: „Ehr [der Bund] sol alleine eyn bedrauen seyn der gotlosen, das sye still halten myt yrem wuten, bis das dye auserwelten Gottis kunst und weysheit mit allem gezeugnis yhn zustendig erforschen mugen. Wan dye frumen eynen bund machen, ap wol dye bosen auch drunner sein, werden sye dach yren mutwillen nit zuwege brengen, dan dye bydderfreyheit der guten wyrt yhn vil weniger boses gestaten dan sunst, auf das der ganz haufe nicht getadelt wurde. Es ist der bund nicht anderst den eyne nothwere, welche nymant geweygert wyrt nach dem naturlichen ortheyl aller vornunftigen menschen"[44]. Auch das soll (nach Hinrichs) im Grunde nur ein Tarnungsmanöver sein, um die Fürsten einzufangen, d. h. „das Kapital an Anhänglichkeit und Ansehen", das sie darstellten, der Sache des Predigers dienstbar zu machen, „um dessenwillen er auch noch mit den letzten Zielen des Bundes, so fest sie ihm standen, zurückhalten konnte"[45]. – Gründlicher kann man Müntzer nicht mißdeuten und die Quellen mißbrauchen.

Gerade die ernstzunehmenden Aussagen über Wesen und Aufgabe des Bundes kennzeichnen die Haltung des Predigers kurz vor dem Ende seiner Allstedter Wirksamkeit: sowohl die Berufung auf den ‚Josiasbund' als das beispielhafte Vorbild entschlossenen Willens der Christenheit, von Fürsten und Volk, zur Abkehr von aller Gottentfremdung und Hinwendung zu einer unbedingten Gotthörigkeit, als auch der Widerspruch zu dem ihm von Karlstadt wie den Lutheranern gemachten Vorwurf falschen Vertrauens auf die Eigenmächtigkeit des Menschen und zu der von ihnen damit verbundenen Verwerfung jedweden Widerstandes gegen die Tyrannei der Gottlosen zugunsten einer falsch verstandenen, im Grunde nur leidensscheuen Erleidenstheologie. „Das aller nötlichste ist uber dye masse hoch zu betrachten, das nymant seinen vortreuen setze auf den bund, dan der ist von Gott vorfluchet, der seynen trost auf eynen menschen setzet“.

8. ENTTÄUSCHTE ERWARTUNGEN

Zeiß hatte das an ihn gerichtete Schreiben des Predigers seinem in Weimar eingereichten Berichte über die neue Situation beigefügt und unter Hinweis auf die mit Sicherheit zu erwartende Verschärfung der Unruhen auf die Durchführung der von Müntzer geforderten offenen Disputation gedrungen, damit endlich Klarheit darüber geschaffen werde, was von seiner Lehre zu halten sei, um dann die notwendigen Folgerungen, so oder so, daraus zu ziehen. Die Entscheidung über Müntzers weiteren Aufenthalt in Allstedt fiel praktisch bereits aufgrund des Verhörs, zu dem Schösser, Schultheiß, zwei Ratsmitglieder und der Prediger („vnderscheidentlich vnd ide[r] insonderheit") am 31. 7. und 1. 8. nach Weimar geladen wurden[46]. Aus den Einzelvernehmungen ergab sich einwandfrei, daß Müntzer „das volck offentlich" zum „bundtnus wider die gotlosen" aufgefordert und wesentlichen Anteil an den Unruhen hatte. Herzog Johann, der in diesen Tagen Luthers „Brief an die Fürsten zu Sachsen von dem aufrührischen Geist"[47] in die Hände bekommen hatte, hatte ihm selber noch entgegengehalten, daß das „von Ime mit der schrift nit mocht becrefftiget werden". Die zusammenfassende Redaktion der Verhörprotokolle, die dem Kurfürsten zugesandt wurde, legt den Verdacht nahe, daß sie darauf zugeschnitten war, dem Landesherrn ein hartes Vorgehen gegen den lästigen Unruhestifter zu insinuieren; und dazu würde der Vermerk Herzog Johanns wohl passen, mit dem er das Dokument seinem Bruder nach Lochau schickte: „Dieweil den zu besorgen, das derselb prediger, wo er zu Alstet plieb, den armen leuten ein auffrur vnd vnlust zurichten wurde, so zweiueln wir nit, E. l. werden wol zubedencken wissen, was seinethalb weiter zetun vnd Ime anzuzeigen sein will"[48].

Müntzer konnte sich nicht verhehlen, daß man in Weimar nicht gesonnen war, seine Agitation für einen „organisierten" Zusammenschluß der Auserwählten wider die Gottlosen zu dulden. Man hatte ihm nicht nur einen scharfen Verweis wegen seiner das Volk aufbringenden Predigttätigkeit erteilt, sondern hielt die ganze, sich bedrohlich zuspitzende Allstedter Angelegenheit aus Gründen der politischen Räson für schwerwiegend genug, den obersten Landesherrn damit zu befassen. Trotzdem gab er seine Sache nicht gleich verloren und erklärte sich bereit, sich bis zum Abschluß des Verfahrens den ihm gemachten Auflagen zu fügen: „Das er also gewertig zu sein, sich auch furderlich fridlich zu halten angesagt". Als ihm jedoch nach seiner Heimkehr von Weimar am 3. August „in kegenwart des Raths und etlicher gemein" von dem Schösser auf dem Schloß eröffnet wurde, welche Weisungen den Allstedter Behörden in Weimar erteilt worden waren und wie ihm durch administrativ polizeiliche Maßnahmen die Hände gebunden werden sollten, geriet er außer sich. Besonders das Verbot der Druckerei brachte ihn in Wallung: „Wan die fursten von Sachsen mir mein hende alsso pynden wollen vnd nicht gestaten mein notdurfft wider luthern auszuschreiben, sso wil ich yn das ergeste thun, was ich kan ader magk"[49]. Die erregte Szene endete anscheinend mit einem Übereinkommen: Müntzer verpflichtete sich, „sich von Alstett nicht abzuwenden, sundern wan er von e. c. f. g. gefordert, sso will er disse wort gnuglich vorantworten vnd alsso, das e. c. f. g. ein gnuge doran haben sollen. Vnd auch darauff dem drugker ein gutlichen abschied gegeben. Dorneben auch gewilligt kein vorpuntnuss zu halten, ssundern eynem ydern heymgestelt frey vnd ledig"[50]. Andererseits erklärte sich die Gegenseite bereit, noch einmal bei dem Landesherrn zugunsten Müntzers vorstellig zu werden. Denn der ihn zunächst wegen seiner Ausfälle recht belastende Bericht mündet in eine Unterstützung der von Müntzer selbst in einem beigefügten Schreiben vorgetragenen Anliegen aus. Der in Zeiß' Argumentation schon stereotype Hinweis auf die Gefahr des Aufruhrs fehlte natürlich nicht; doch bat man den Fürsten auch, „vnsser arme leuthe seligkeit [zu] bedencken" und sprach in eben diesem Zusammenhange von den schwerwiegenden Folgen, „wue er ane vorhore solt wegh weichen".

Müntzer ging es in seinem Schreiben[51] vornehmlich um eine unbehinderte, in ihrem Ergebnis nicht schon irgendwie praejudizierbare offene Auseinandersetzung mit Luther, dessen Schmähung „in seynem schantbrief, an die herzogen zu Sachsen und widder mich ausgangen", er nicht ohne Antwort lassen darf, und zwar um der vielen Frommen willen, „die mein lehr aus frembden landen und steten gehort haben". Er geht von der abgrundtiefen Kluft aus, die zwischen ihnen beiden jetzt liegt. Er predigt einen Glauben, der sich nicht auf die historische Kenntnis irgendwelcher religiöser Tradition beruft, sondern der unabhängig von jeder Lehre einer positiven Religion allein aus der „bewegung des heilgen geists" erwächst. Daher macht er für ein Verhör zur Bedingung, daß dabei auch Menschen ihr Urteil abgeben, die „die bewegung des heilgen geists" erfahren haben, und seien es Türken und Heiden. Im Grunde kommt es gar nicht so sehr darauf an, ihn selbst zu „verhören", als darauf, die zu hören, die von dem, was er gelehrt hat, innerlich erfaßt worden waren. Zudem: wer garantiert, daß die Gegner seine Geduld nicht zum Schanddeckel ihrer Bosheit machen und ihn durch irgendwelche Praktiken zum Schweigen bringen? Zum Schluß greift er das Problem sachgerechter Beurteilung seiner Lehre noch einmal auf, wo er die Frage nach der Handhabung der Zensur stellt. Er bestätigt, daß er sich gegen Herzog Johann verpflichtet habe, seine Bücher vor dem Druck zur Zensur vorzulegen. Doch wer entscheidet nun über das Imprimatur? Etwa seine Antipoden, die gelehrten lutherischen Theologen, die das Ohr des Staates haben? Noch scheint er eine vage Hoffnung gehabt zu haben, daß sich der Kurfürst als sein „gunstiger herr und furst" erweisen wird; aber als er sich in den nächsten Tagen Rechenschaft über das reale Fazit der Verhandlungen und Eröffnungen von 31. Juli bis 3. August und deren Auswirkungen auf die Allstedter zu geben versuchte, mußte er sich bei aller Bereitschaft zu illusionistischen Erwartungen eingestehen, daß er das Spiel in Allstedt verloren hatte. In der Nacht vom Sonntag zum Montag (7./8. August) stieg er heimlich über die Mauer und entwich. „... uff den andern tag im mittag liess er ein schrifft dem rath anttworthen", die man „im beyseyn des schossers" lesen sollte[52]. Es waren nur wenige Zeilen, die „seynen brudern den ratsherrn zu Alstedt" eröffneten: „Ich hab meyner sach gelegenheyt halben mussen uber land zyhen, drumb pit ich gantz freuntlich, yhr wollet myr dasselbige nicht verargen adder sunst wunderlich deuten. Bedencket vilfeltig, was euch nach Gottis willen zu thun ist, welchs ich euch myt dem geczeugnis Gottis alles zu vorn gesagt hab zu halten nach langwerigem bekumernis, darinnen euch Gott der almechtige nach seynem allerlybsten willen wyrt hochlich erleuchten, so yhr seyner nicht verleugknen werdet; ym selbigen seyt Gott auf dismal befollen, amen". Man mußte die Mitteilung Müntzers nicht unbedingt als eine Anzeige seiner Flucht ansehen, zumal er ja in bindender Form „angelobt" hatte, „sich von Alstett nicht abzuwenden". Erst acht Tage später ließ er seine Anhänger in einem Abschiedsbriefe von Mühlhausen aus wissen, daß er nicht zurückkehren werde. Die beiden der endgültigen Fassung voraufgehenden Entwürfe lassen erkennen, daß es ihn einige Überwindung gekostet hat, seine Verbitterung über den schmählichen Verrat und Abfall zu unterdrücken. Den Vorwurf kann er ihnen allerdings nicht ersparen, daß ihr Mangel an Entschlossenheit und Standhaftigkeit sein weiteres Wirken in der Stadt unterbunden hat. Sie sind es, die die Bewährungsprobe nicht bestanden haben; aber er will sich mit seinem Fortgang nicht grollend von ihnen abkehren und weist sie als ihr Seelsorger noch einmal auf den eigentlichen Grund ihres Versagens hin, „wye yhr also ganz und gar euch [durch] eynen menschen lasset scheu machen, welches euch am erkentnis gotlichs willen uber dye masse vorhindert". Er wendet sich bereits dem neuen Arbeitsfeld zu und bittet seine Getreuen, ihn doch auch anderen zu gönnen.

Die heimliche Entfernung Müntzers hat wesentlich dazu beigetragen, daß sich die mannigfachen Spannungen ohne das Risiko neuer Unruhen auf ein erträgliches Maß reduzierten. Hörten die Übergriffe von altgläubiger Seite auch nicht sofort auf, so wurden sie doch eingedämmt und die ernestinischen Fürsten konnten die Anklagen ihrer sächsischen Vettern mit dem Nachweis entkräften, daß sie den unruhigen Prediger keineswegs einfach gewähren ließen. Für sie war auch das soeben noch ernsthaft erörterte Problem einer offenen Disputation über seine Lehre vor einem gleichsam „paritätischen" Forum wie das der „objektiven" Zensur müntzerischer Schriften unvorgesehen gelöst. Der Schösser Zeiß aber war erleichtert, den unbequemen Mann los zu sein, der ihm seine Amtsführung in den letzten Monaten so erschwert, ihn innerlich verunsichert und dadurch sowohl seinen Fürsten wie den Untertanen gegenüber ins Zwielicht gebracht hatte. Müntzers Bundespredigt und Aufruf zum Widerstand gegen die gottlosen Tyrannen hatten ihn irritiert, ohne daß er sich aus dem Banne des geistesmächtigen Predigers hätte lösen können, so daß er sich nunmehr scharf gegen ihn äußerte: „es ist offentlich, das er ganz auffruerisch ist. Solt es lang gewert habe vnd hett statt gehabt, so hett er das volck an die obrigkeit gehetzt, das es muhe vnd arbeit worden were“[53]. Und die Einwohnerschaft Allstedts? Zeiß, auf dessen Berichte wir vornehmlich angewiesen sind, verharmlost aus durchsichtigen Gründen die Situation in der Stadt, wenn er dem Kurfürsten erklärt, von sonderlichen Nachwirkungen der Tätigkeit Müntzers könne keine Rede mehr sein; im Gegenteil, „die Armeleut“ beklagen sich jetzt, „daz sie durch den Prediger verfuert sein vnd sein des verbintnuss abgetretten vnd sich gegen E. C. f. g. erboten, Alles, das In zu Weimar beuolhn, vnd zum Abschied gegeben, gehorsamlich zuhalten, vnd sie haben sich auch aller Irer gebrechen, so sie vndereinander gehabt, vertragen lassen; erbieten sich, friedlich vnd gehorsamlich zu halten“[54]. Es mag zutreffen, daß nach anfänglichen Auseinandersetzungen die gemäßigten Gruppen und die nun offen sich zeigenden Gegner des Müntzerregimes den Radikalismus unter Kontrolle hielten. Aber der „müntzerische Geist“ war in seinem Amtsbereich noch lebendiger, als er zugeben wollte.

Über der vordergründigen Aktualität des tumultuarischen Geschehens zumal im Juni und Juli darf nicht außer Acht gelassen werden, wie sehr das Bemühen des unermüdlichen Seelsorgers darauf ausgerichtet blieb, ein inneres Verständnis dafür zu wecken, was es denn wirklich heißt, ein ‚evangelischer‘ Christ zu sein und christlich zu leben. Man gewinnt einen kleinen Einblick in seinen überlasteten Alltag, wenn er in seinem Briefe an Jeori auf dessen Klage, bei seinem Besuche in Allstedt, um „unterricht zu entphangen“, zu kurz gekommen zu sein, schreibt: „Ist nicht wunderlich, nach dem dye selsorg mich myt vilen leuthen erbsalig gemacht hat, wyst yr, das ich auf den selbygen tag auch frömde leuthe hatte, bey den ich auch meyne erbeyt hatte und ganz mude wär worden den selbygen tag des kirchampts halben. Es ist eyn solche erbeyt itzunt myt leuthen umbzugehen wye eyner mutter myt yren kindern ym unflat. Eyner ergert sich, der ander bessert sich nach bewegent seyns gemuths, ps. 88. Unterrichtung des glaubens ist nit eyn erbeyt eyns tags . . ."[55]. Es steht in seinem Briefe nichts Neues, über längst schon von ihm Gesagtes Hinausweisendes; doch wie er in wenigen Sätzen das, worauf es ankommt, einprägsam herauszustellen vermag so, daß sein Partner die entscheidenden Punkte in den Blick bekommt, ist der Beachtung wert. „Unterrichtung des glaubens ist nit eyn erbeyt eyns tags". – „Bewegung des glaubens kan keyner dem andern geben". Nichts darf im Menschen mehr sein als „dye begyr, dye der heylige geyst gepflanzet hät", nichts als das „Herr, hilf mir" des in den Fluten versinkenden Petrus. Nur wo auch die letzte Spur „unsers eygens gesuchs" getilgt ist, schreibt Gott „myt dem griffel seyns geysts yn apgrundt der seln, do der mensch erkent, das ehr sey eyn son Gottis und Christus sey der uberste yn den sonen Gottis". Wahrlich, so schärft er Jeori ein, zum Glauben-Kommen ist keine leichte, selbstverständliche Sache: „Dusse sache wil haben eyn wunsamen und ungesparten menschen, welcher solch achtung muß pflegen von tag zu tag". Natürlich bedeutet Einsatz für das Evangelium unter den gegenwärtigen Umständen, den Konflikt mit den Hütern der alten Ordnung, die das Wort Gottes niederhalten wollen, heraufzubeschwören; aber „Kert euch widder an mandat des keysers adder herzog Jorgen, dan sye sint fleyß und keyn bestendiger Gott". Gottes Sache steht hier allein in Frage; wer zu ihr steht, zu dem steht Gott!

Gewichtiger ist der (theologisch besonders relevante) Brief, den Müntzer am 30. Mai, also unmittelbar vor der krisenhaften Zuspitzung der Mallerbacher Affäre an Christoph Meinhard geschrieben hat[56]. Es geht hier weniger um den recht allgemein gehaltenen „eschatologischen" Bezug in der expressionistischen Rätselhaftigkeit seiner Auslegung von Vers 6 des 18. Psalm als um die Betonung der Notwendigkeit einer „Erfüllung des göttlichen Gesetzes" in polemischer Auseinandersetzung mit Luthers „sola fide – sola gratia". Agricolas Kommentar, als predige Müntzer in seiner Interpretation von Vers 7 den „freyen willen, das es an den liege", trifft nicht die müntzerische Intention, da wahrlich nicht an einen in eigener Regie agierenden Willen des Gläubigen gedacht ist, vielmehr an ein im Bewußtsein des wahren Ursprunges wurzelndes Genötigtsein, das zur Verwirklichung des Lebens aus dem Geiste Gottes in einem ihm nunmehr wesensgemäßen Element zu leben drängt. Die Erwählten stehen in einem eigenen, innigeren Verhältnis zu Gott; sie sind wirklich andere in ihrer Reaktion auf Gott und in ihrer Aktion für Gott geworden, sie nehmen mit ihrem Anderssein einen ganz anderen Lebensstil an. Gott läßt dem Erwählten, wenn er ihm im Abgrund der Seele begegnet ist, gar keinen „freien Willen" mehr, bzw. nötigt ihn, nun in einer ganz anderen, neuen Weise in Übereinstimmung mit seinem (Gottes) Willen selbst zu wollen, d. h. Gottes Gesetz als die sein und aller Menschen Leben verbindlich gestaltende Norm sich zu eigen zu machen. In einer tieferen Dimension außerhalb jeglichen Verdienstgedankens gewinnt das Gesetz als Ausdruck des Gotteswillens eine zwingende und dennoch befreiende Geltung. Es hat den Anschein, als habe Meinhard mit seinen Fragen an ein Problem gerührt, das für den Allstedter seit Mallerbach an aktueller Bedeutung gewonnen hatte. In wechselseitiger Befruchtung von äußerer Aktion und geistlicher Besinnung erhielt die Frage nach der Geltung des Gesetzes eine erhöhte Relevanz, und stärker als bisher schon wurde ihm die unbedingte Verpflichtung des Gläubigen zur Erfüllung des göttlichen Willens bewußt. Der Erwählte wird in der Geburt des Glaubens seiner Zugehörigkeit zu Gott gewiß, wird durch das bei Gott und zu Gott Stehen zum Künder und Täter der göttlichen Gerechtigkeit derart, daß er nunmehr in solchem „Kontakt mit Gott" durch die Werke des Gesetzes Gottes gerechten Willen mitvollzieht und eben darin seinen gottesgewissen Glauben, sein Erwähltsein bekundet. Man darf den Glauben nicht gegen das Werk ausspielen wollen, darf nicht in falscher Spekulation auf Gottes frei gewährende Gnade wähnen, ignorieren zu können, daß Gott den Menschen in sein Werk mithineinziehen, ihn persönlich für die Verwirklichung seines Willens mitverantwortlich

machen will. Müntzer bejahte uneingeschränkt Luthers Opposition gegen die römische Werkgerechtigkeit; doch er widersprach der durch den römischen Mißbrauch provozierten These des Reformators, daß der Gläubige ohne des Gesetzes Werke das Heil erlange. Für ihn hat „die Erfüllung des Gesetzes" ja eine ganz andere Funktion, ist nicht irgendwie sichernde Ergänzung des Glaubens, sondern integrierendes Element der Teilhabe an Gottes Willen zur Verwirklichung der göttlichen Gerechtigkeit. Müntzers antimeritorischer Synergismus ist auf das engste mit dem Gedanken der im Glauben sich vollziehenden Metamorphose des Ich verbunden, der eine klare Grenzziehung zwischen Werk Gottes und Werk des Menschen schwierig macht. Müntzer wird wie sein Gott fast nur noch fordernder Wille, der wo immer auch den tatbereiten Einsatz des Erwählten für die Sache Gottes verlangt.
Der Allstedter ist so in einer gottentfremdeten Kirche und Welt ständig herausgefordert, herausgefordert zur Beseitigung der Herrschaft allen gottwidrigen Wesens, erst recht zum Widerstand gegen die Verfolgung der Frommen, mag ihnen nun auf Betreiben der Widersacher des Evangeliums von christlichen Regenten nachgestellt werden oder mögen sie von gottlosen Tyrannen um ihres Glaubens willen gefangen, vertrieben, getötet werden. Die wachsende Aktivität der Gottesfeinde drängte ihn dann von Schritt zu Schritt weiter in der Abwehr ihres aggressiven Vorgehens gegen die Ausweitung der evangelischen Bewegung. Der Schutz- und Trutzbund schloß in dieser Abwehr die Bekenner zur Verteidigung ihres Glaubens gegen Nötigung und Unterdrückung in lokalen Gruppen zusammen, wobei mit zunehmender Willkür und Gewalttätigkeit der Widersacher die schmale Grenze zwischen passivem und aktivem Widerstand sich unvermeidbar verwischte. Aber selbst in den erregtesten Tagen der Allstedter Unruhen ist es keinen Augenblick fraglich, daß Müntzer nicht mehr als das Recht des passiven Widerstandes zur Entmachtung der Gottlosen proklamiert und ihm nichts ferner gelegen hat, als eine politisch-soziale Revolution ins Werk zu setzen.

9. DIE „AUSDRÜCKLICHE BLOSSSTELLUNG DES FALSCHEN GLAUBENS DURCH DAS ZEUGNIS DES LUKASEVANGELIUMS“

Müntzer hatte bei dem Verhör in Weimar am 1. August in der herzoglichen Kanzlei – wohl zum Zwecke der Zensur – ein Manuskript hinterlassen: das „Gezeugnus des erstenn Capitels des Euangelion Luce durch Thomam Munczer, der ganczenn cristenheit furgetragen zurichtenn“[57]. Es war in der zweiten Hälfte des Juli entstanden und sollte an der hintergründigen Parallelität des Geschehens zur Zeit der Geburt Christi und „unsern zeiten“, „wo Gott sein liecht in die welt geschickt hat“, deutlich machen, „wie der unglaub mit dem glauben gar ungehorten gezangk hat“ und nun der rechte Glauben sich bewähren muß. Nach einleitenden Ausführungen über die auch von den Wittenbergern im Grunde nur variierte Pervertierung des Christenglaubens erschließt er zunächst zum Verständnis der gegenwärtigen Verfolgungssituation an Hand von Lukas 1 das darin offenbare Geheimnis göttlichen Handelns im Bezug auf die Obrigkeit: „Do wirt die natur der weltlichen obrigkeit ercleret, wie der heilige Samuel 1. reg. 8. mit dem durchleuchtigsten Hosea am 13. geweissagt; ‚Got hat die hern und fursten in seinem grim der Welt gegeben, und er will sie in der erbitterung wider wegk thun'“. Die Fürsten sind demnach keineswegs „von Gottes Gnaden“ zur rechten Ordnung der Welt vorbedacht; vielmehr sind sie auf Verlangen des Volkes, das sein Leben nicht mehr allein an Gottes Willen orientieren wollte, von ihm zugelassen. Sie verdanken ihre Entstehung also dem gottentfremdeten Willen der Menschen und dem göttlichen Zorn; ihr Dasein ist die Deklaration des Abfalls des Menschen von Gott zur Kreatur und „darumb . . . ists uber die masse pillich gewessen, das er die creatur auch mehr dan Got muss furchten“. Die kreatürliche Furcht ist der eigentliche Lebensbereich des gottentfremdeten Menschen geworden, und eben das ist von ihrem Ursprung und Wesen her der ureigenste Funktionsbereich der weltlichen Obrigkeit, eben der Bereich, in dem „man die creatur Got vorsetzt".

Dahinter wird Müntzers Überzeugung erkennbar, daß die weltliche Obrigkeit weder ein unabwendbares Verhängnis noch im Sinne Luthers eine von Gott dem Menschen zugute gesetzte Ordnung darstellt. Der Grund dafür, daß sie ist und so ist, wie sie ist, ist allein die vom Menschen selbst verschuldete, aber in keiner Weise unabänderliche Tatsache, „das niemant Got allein mit rechter, ernster, reiner forcht wil fur augen haben ...". Darum muß in diesem zentralen Punkte ein radikaler Wandel geschaffen werden. Die völlige Abkehr von der Kreatur hin zu Gott, das Auslöschen aller Menschenfurcht durch die reine Gottesfurcht ist die unabdingbare Voraussetzung, wenn Gott wieder aus seiner zornigen Zurückhaltung heraustreten und uns „von der handt aller, die uns hassen", erlösen soll. Müntzer denkt dabei nicht an den Rückzug auf eine sich isolierende Innerlichkeit. Er hat den Blick für das wirkliche Verhältnis der Kräfte in der Welt bekommen; er sieht sie mit ganz anderen Augen an. Was der Vernunft des Menschen unmöglich schien, erscheint dem Glauben durchaus als Gott möglich, so daß die neue Sicht der Dinge den Auserwählten nötigt, nun auch die Konsequenzen zu ziehen, Gottes anerkannten Willen unverzagt auszuführen, das scheinbar Widersinnige auf Gottes Gebot hin zu wagen. Der Glaube durchschaut das trügerische Spiel mit dem Wörtchen „unmöglich", das der Unglaube geschickt zu nutzen weiß, um sein gottwidriges Verhalten zu tarnen und in der gegenwärtigen Situation den ernsten Willen der auf eine wirkliche Reformation bedachten Menschen zu irritieren und zu lähmen. Wohl ist selbst bei den biblischen Vorbildern ein ungläubiges Befremden, sind Ausflüchte und Weigerungen die erste Reaktion auf solche „Zumutungen" Gottes; aber aus der echten Gottesfurcht erwächst dann mit dem unbedingten Zutrauen in sein Vermögen der tatbereite Gehorsam gegen seinen Willen. Welchen Grund hätte denn heute der Glaube, die Verwirklichung dessen, was Gott durch den Mund der Maria über den Sturz der Gewaltigen sagt, als eine Unmöglichkeit abzutun und zu resignieren? Aber man weicht den konkreten Forderungen aus, verlegt das Geschehen, das bei Matthäus 13, 47–50 angekündigt ist, in eine gar nicht absehbare Zukunft und macht daraus eine interessante Szene im Himmel: „Sie haben doselbst imaginirt, aus einem alten balcken visirt, die engel mit langen spiessen, die sollen absundern die guten von den bosen zum jungsten tag". Man erfindet tausend Ausreden, um doch noch um eine klare Entscheidung herumzukommen und den daraus erwachsenden Unannehmlichkeiten entgehen zu können. Man möchte mit allen, Bösen und Guten, gut Freund bleiben; „dan sie seint neutrales, das seint leute, die den zcoberbaum auf beiden schuldern tragen konnen". Sie bemänteln ihre Feigheit vor den Menschen wie ihre Sorge um das eigene Wohlergehen durch das so fromm klingende Sprüchlein: „Es kan niemant wissen, wer ausserwelt ader verdampt sei". Der Auserwählte hingegen kommt zu einer ganz anderen Verhaltensweise. Daß er „Gott zuständig" ist, bedeutet für ihn nicht nur, daß Gott ihn zu den Seinen zählt, sondern ebenso, daß er sich auf Gottes Seite gehörig weiß, daß der Ausgangs- und Zielpunkt für ihn in jeder Hinsicht Gottes Wille ist. Das praktizierte Wissen darum, „darzu [er] geschaffen sei", bestimmt die Position diesseits oder jenseits der Trennungslinie zwischen Erwählten und Gottlosen, ist Richtschnur für die Aussonderung der Guten von den Bösen, die dann und dort sich vollzieht, wo das den Ungläubigen noch unmöglich Erscheinende geschieht: daß die Gewaltigen vom Stuhl gestoßen werden und ihr Regiment an die Gläubigen abtreten müssen, jetzt, in dieser geschichtlichen Zeit.

Noch ist es allerdings um die wahre Christlichkeit der Christenheit schlecht bestellt und Müntzer verschweigt nicht, daß das Kirchenvolk selber ein gerütteltes Maß Schuld an diesem Zustande trägt. Es hat sich mehr um sein äußeres Wohlergehen gekümmert als um den rechten Glauben, hat sich auf die Pfaffen verlassen, statt sie nach der Erkenntnis Gottes und seines Willens zu fragen. Was diese Generation braucht, ist vor allem ein Prediger von der eindringlichen Gewalt des Täufers Johannes, ein „gnadenreicher prediger, welcher den glauben allenthalben erfaren" hat und davon weiß, daß Gott sich noch immer den Menschen offenbaren will. Ja, es ist ein härterer Anstoß vonnöten: „So nun die heilige kirch durch die warheit sol vernewet werden, so mus ein gnadenreicher knecht Gottes herfur treten im geist Helie, Math. 17, und mus alle ding zum rechten schwanck brengen mit dem allerhochsten, ernsten eiffer". „Dan die gegenwertige cristenheit muss umb irer lust willen gantz und gar hart gestrafft werden, auf das sie nach dem wegkthun aller uppickeit des glaubens ankunfft im hertzen gewhar werde". Es „muss ein genadenreicher prediger aus der wustenei, das ist aus einem bewertten leben, in welchem er das creutz getragen, predigen und schreien in den wusten, elenden, irrenden hertzen der gotforchtigen, die do itzt anfangen zu wachen nach der warheit". Menschen sind schon da, die ein aufrichtiges Verlangen nach Gott tragen, auch Prediger gibt es bereits, die in der Vollmacht des Geistes jenen Suchenden zu helfen vermögen. Hier wächst keimhaft die wahre Kirche bereits heran. Da geschieht wieder das, was in den Anfängen die Christen untereinander verband und immer konstitutiv ist für eine christliche Gemeinschaft: „Alle ausserwelten mussen berechnen, wie sie zum glauben komen seint. Das macht alsdan eine rechte, cristliche kirche, den gotlosen vor dem auserwelten zu erkennen". Der Rückblick auf die Vorbildlichkeit der urchristlichen Glaubensgemeinschaft führt zum Ausblick auf die neue künftige Kirche, die aus dem jetzt anhebenden Erneuerungsprozeß erwachsen wird.

Müntzer war sich nach den ihm am 3. August auf dem Allstedter Schloß gemachten Eröffnungen bald darüber klar, daß er das „Gezeugnus" in den ernestinischen Landen schwerlich zum Druck bringen würde. Vielleicht trug diese Erkenntnis nicht unerheblich dazu bei, seiner „sach gelegenheyt halben . . . uber land zu zyhen"; denn es ließ sich voraussehen, daß man seiner schriftstellerischen Tätigkeit sehr enge Grenzen setzen würde, die ihn das nicht mit aller Deutlichkeit sagen ließen, was er jetzt einfach sagen mußte. Er konnte nach den Erfahrungen der letzten Tage um so weniger an sich halten, seine „notdurfft wider luthern ausszuschreiben", als er nunmehr die Gewißheit hatte, daß dieser Mann die Landesherrn in aller Öffentlichkeit gegen ihn aufhetzte. Er wollte und durfte ihm die Antwort auf seinen „Brief an die Fürsten zu Sachsen" nicht schuldig bleiben. So nahm er vorerst die Gelegenheit wahr, das „Gezeugnus" derart zu überarbeiten, daß es nicht nur im Gesamttenor schärfer wurde, sondern zumal die Polemik gegen die Prediger des falschen Glaubens, also Luther und die Wittenberger, stärker und eindeutiger noch als bisher hervortrat[58]. Bezeichnend war der Titel, bzw. das ganze Titelblatt der in der neuen Fassung gedruckten Schrift: „Außgetrückte emplössung (= Ausdrückliche Bloßstellung) des falschen Glaubens der ungetrewen welt durchs gezeugnus des Euangelions Luce vorgetragen der elenden erbermlichen Christenheyt zur innerung jres irsals. Ezechie am 8. Cap. Lieben gesellen last vns auch das loch weytter machen auff das alle wellt sehen vnnd greyffen mug wer vnser grosse Hansen sind die Got also lesterlich zum gemalten mendleyn gemacht haben. Jere. am 23. Cap. Thomas Muntzer mit dem hammer Mülhausen, MDXXIIII“.

In der neuen Fassung ist der Umfang des Textes fast um die Hälfte gewachsen. Das auffälligste Merkmal der Neubearbeitung ist die überreizte Polemik gegen die „Schriftgelehrten“, die sich besonders gegen Luther richtet und die bisher schon geübte Kritik an dessen „theologischer Falschmünzerei“ noch weit übertrifft, weniger durch neue und bessere Argumente als durch größeren Stimmenaufwand. Ingrimmiger Zorn läßt ihn, wo immer er kann, das alte Konzept durch unbeherrschte Schmähungen ergänzen. Die theologischen Differenzen müssen dazu herhalten, die abweichenden Meinungen Luthers durch den Vorwurf mangelnden religiösen Ernstes, der Scheinheiligkeit, ja der moralischen Minderwertigkeit herabzusetzen. Sonderlich hält er dem „vergifftigen schwartzen kulckraben“ sein „Verteufeln“ der Geistgläubigen und all derer vor, die nichts von seinem buchstabigen Glauben halten. Immer neuen Anlaß findet er, sich über „den allertörlichsten glauben, der auff erden ist“, die „affenschmaltzische weyß“ der „hochfertigen bachanten“, „die gottlosen zärtling“, die „bößwichtischen ertzheuchler“ usf. herzumachen. Wo er einmal ein positives Urteil fällt, schränkt er es gleich wieder ein. Der Wittenberger Professor, das steht für ihn nun eisern fest, bringt es nicht über sich, sich aus der vielfältigen Verflochtenheit in die kreatürlichen Bindungen zu lösen, beansprucht jedoch trotzdem, im Alleinbesitz der christlichen Wahrheit zu sein und Ketzerhüte verteilen zu können. Der Bruch mit Luther ist jetzt und hier definitiv vollzogen.

Im Vergleich zu Luther kommen die sächsischen Fürsten glimpflich davon; aber auch sie müssen sich eine Verschärfung der schon im Zensurexemplar ausgesprochenen Rüge gefallen lassen: „Wollen auch die allerchristlichsten genennt seyn und gauckeln hin und her, die gotlosen, ire gesellen zu verteydigen, und sprechen auß dem bart, sie wöllen nit weren, wenn ire unterthanen von iren nachbauren umbs evangelion verfolget werden; sie wöllen nur schlecht diebhencker und gutte, prechtige buttel seyn"[59]. Ein Fürst ist jedoch nicht als solcher schon von vornherein abzulehnen, obschon „gottlos" fast selbstverständlich als Epitheton zu Regenten in der müntzerischen Redeweise erscheint; freilich muß er sich völlig anders gebärden, als es die Regenten gegenwärtig tun: „Die der christenheyt solten am allerhöchsten vorstehen, darumb sie auch fürsten heyssen", müßten von der rechten Gottesfurcht erfüllt sein und die Christenheit zum wahren Gottesgehorsam anhalten, wie er es von den sächsischen Fürsten beispielgebend erhofft hatte. Sonst muß man ihnen die von ihnen mißbrauchte Gewalt nehmen.

Allerdings ist es im Erneuerungsprozeß der Kirche mit der Beseitigung der Regenten nicht getan, sondern zuvor muß das Volk zur Besinnung gebracht werden. Das unterstreicht er ebenfalls sehr deutlich. Es ist keineswegs ohne Schuld an den herrschenden Zuständen. Er billigt ihm als mildernden Umstand zu, daß ihm das Urteilsvermögen fehlte, um erkennen zu können, daß die alten und neuen Schriftgelehrten ihm aus eigennützigen Gründen einen falschen Glauben gepredigt haben, der sie in Unmündigkeit und Abhängigkeit hielt: „Ach Gott, die pauren sind arbetselige [B: arme!] leut. Sie haben ir leben mit der gantz sauren narung zubracht, auff das sie den ertzgottlosen tyrannen den halß gefüllet haben". Der mildernde Umstand wird zur Entschuldigung: „Mit allen worten und wercken machen sie es ya also, das der arm man nicht lesen lerne vorm bekümernuß der narung, und sie predigen unverschempt, der arm man soll sich von den tyrannen lassen schinden und schaben. Wenn wil er denn lernen, die schrifft lesen?"[60] Die ganze Not liegt also in dem herrschenden System des Unglaubens begründet, und am stärksten ist davon das in Unmündigkeit gehaltene Volk betroffen. „Derhalben mustu, gemeyner man, selber gelert werden, auff das du nicht lenger verfüret werdest“[61].

Hat sich Müntzer nun in der „Ausgedrückten Entblößung“ stärker als „politisch-sozialer Revolutionär“ profiliert? Zweifellos hätte die Schrift bei größerer Verbreitung neuen Zündstoff in die gärende Unruhe der Zeit getragen, denn ihre Aussagen ließen sich unschwer in politische Parolen umdeuten. Das Fürstenregiment ist im Zeichen des Abfalls von Gott entstanden und hat sich mit seinem Herrschaftsanspruch so rücksichtslos durchgesetzt, daß die Furcht vor den Regenten die Gottesfurcht im Volke verdrängte, und auch jetzt wollen die gottlosen Tyrannen wie eh und je in Eintracht mit Pfaffen und Schriftgelehrten den Durchbruch der Wahrheit mit allen Mitteln verhindern. Die bestehende politische Ordnung hat sich durch ihre Repräsentanten als ein Instrument zur Verdrängung der Gottesfurcht durch kreatürliche Menschenfurcht erwiesen und sich zu einem Widerspiel der Gottesherrschaft aufgeworfen. Das macht sie in dieser ihrer jetzigen Gestalt als Ordnungsform der Christenheit unmöglich. Nur: Müntzer verwirft sie hier nicht um weltlicher Prinzipien willen, nicht um eine gerechtere Machtverteilung herbeizuführen oder den kreatürlichen Willen des Volkes um seiner selbst willen zu Gehör zu bringen. Er wendet sich nicht als Propagandist des Klassenkampfes gegen die „Volksfeinde“, sondern als Prophet im Geiste des Elias gegen die Gottesfeinde und Volksverführer! – Solcher Neugestaltung der politischen Ordnung ist die der sozialen Verhältnisse eo ipso integriert. Bedenkt man, daß die Misere des Bauernstandes schon seit geraumer Zeit Gegenstand publizistischer Erörterung war, in der z. T. sehr scharfe und eingehende Kritik an der rechtlichen, sozialen und wirtschaftlichen Benachteiligung der Bauern geübt wurde, muten Müntzers gelegentliche Bemerkungen hier nicht als besonders aggressiv und progressiv an. Ihm lag offensichtlich zunächst an der Bloßstellung der Tatsache, daß es den Bauern durch die ungebührlichen Auflagen unmöglich gemacht werde, sich mit der heiligen Schrift zu beschäftigen und sich im rechten Glauben zu festigen. Selbstverständlich ein gottwidriger Zustand, der bei der erwarteten gründlichen Veränderung der Welt durch eine gerechte Gestaltung des gesellschaftlichen Daseins unmöglich gemacht wird, und das nicht etwa in einer unbestimmten Zukunft am „Jüngsten Tage“. Nein, eben das auch in dieser Hinsicht der kreatürlichen Vernunft so unmöglich Erscheinende wird von den Gläubigen jetzt und hier vollzogen werden und die große Wende in der Geschichte der Christenheit bedeuten. Nur geht es dem Knechte Gottes offenkundig wiederum nicht um die Befriedung eines selbstischen menschlich-kreatürlichen Begehrens, vielmehr um den Gehorsam gegen Gottes Willen, durch dessen Erfüllung dem Gläubigen solches alles zufallen wird.

Müntzer hat die Umarbeitung des „Gezeugnus“ vermutlich erst in Mühlhausen abgeschlossen und das neue Manuskript sobald als möglich persönlich zu Hans Hut nach Bibra gebracht, der in seiner Urgicht ausgesagt hat: „Der Müntzer sey, als er verjagt, ain nacht und ain tag bey ime in seinem haus zu Bibraw gewesen, hat aber nicht mit ihm zu handlen gehabt, dann das er im ain buechlein, das erst capitul uber Luce zu trucken geben hab, diweil er mit buechern umbgezogen“[62]. Hut hat dann auch einen Drucker in Nürnberg ausfindig gemacht.

10. EIN NEUER VORSTOSS

Müntzer hatte trotz anfänglichen Schwierigkeiten schnell eine Predigtstätte in Mühlhausen gefunden, und auch Luthers Warnschreiben vom 21. August an den Rat und die Gemeinde hatte sein Bleiben nicht ernsthaft in Frage gestellt: „... wöllet gar fleyssig euch fürsehen vor disem falschen geyst und propheten, der in schaffs kleydern daher gehet und ist inwendig eyn reyssender wolff"[63]. Er ging mit Eifer ans Werk, ließ sich seine „meßbucher und vesperbucher" nachschicken und meinte zuversichtlich, „... das volk ist wilfertig solchs anzunemen". Er spürte die durch die kirchlichen, sozialen und politischen Spannungen hervorgerufene Unruhe, die die Stadt, eine der bedeutendsten im mitteldeutschen Raume, wie so viele andere Städte damals erfüllte und nach dem „Rezeß" vom Juli 1523 eher zu- als abgenommen hatte. Freilich entging ihm nicht, daß die reformatorische Bewegung hier noch kaum etwas von der Erkenntnis des geistgewirkten Glaubens als notwendiger Voraussetzung der gottgewollten Erneuerung der Kirche verspüren ließ und sich vornehmlich in gewiß berechtigten, doch recht vordergründigen Protestaktionen gegen mißliebige Erscheinungsformen des verderbten alten Kirchenwesens äußerte. Anfang September schrieb er ernüchtert an seinen Famulus Emmen: „Dye leuthe zu Molhausen seynt langsam, wye dan allenthalben das volck ungemustert ist, nicht ane merkliche orsache von Gotte, auf das der natur witze dem evangelio denn wegk nicht vorhaue. Es dynet myr fodderlich am solchen orthe, dan da vil bescheydenheyt (= Klugheit) ist, seynt auch vil kramantzen (Weitläufigkeiten)"[64]. Gerade die von falschen Doktrinen nicht vorbelastete geistig-religiöse Haltung des „ungemusterten volckes" erscheint ihm also auch wieder als eine nicht zufällige Erleichterung seines Wirkens. In dem begrenzten Raume der relativ autonomen Reichsstadt, in der man ohnehin auf eine Veränderung der Ordnungsstruktur drängte, mochte sich verwirklichen lassen, was ihm vorschwebte: ein

von „Auserwählten“ dirigiertes Gemeinwesen, in dem der Wille zur Erneuerung der Christenheit konkrete Gestalt annahm, wo gleichsam der Grundstein zum Bau der neuen Kirche gelegt wurde; „es sicht mich nit anderst an, dan dye sache muß aufgehen“! Er kam nicht auf den Gedanken, ein detailliertes Reformprogramm zu entwickeln. Wie er gerade in der „Ausgedrückten Entblößung“ grundsätzlich dargelegt hatte, sah er als Prediger und Seelsorger seine Aufgabe darin, seinen Hörern in Herz und Hirn zu brennen, sich durch die reine Gottesfurcht freizumachen von aller Menschenfurcht, in rechtem Glauben dessen gewiß zu sein, daß bei Gott kein Ding unmöglich ist, und das Zeugnis der Schrift ernstzunehmen, daß „die gewaltigen, eygensinnigen, unglaubigen menschen vom stul gestossen werden“ und daß „die nydrigen sollen erhaben und abgesundert von den bösen werden“.
Es kam zu einer engen Zusammenarbeit vornehmlich mit Heinrich Pfeiffer, dem bisher entschiedensten Vertreter reformatorisch-reformerischer Ideen in Mühlhausen. Beide Prädikanten spielten sich gut aufeinander ein und fanden sich besonders auch in der Hinwendung zu den wirtschaftlich, rechtlich und sozial Benachteiligten zusammen, zugleich offenbar in einer gewissen Distanz zu den übrigen „evangelischen“ Predigern in der Stadt, die an den extravaganten theologischen Ideen des Allstedters Anstoß nehmen mochten. Die wechselseitige Beeinflussung beider Männer besagt freilich so wenig wie der Wille zu gemeinsamer Aktion, daß nicht jeder seine Eigenart gewahrt habe. Müntzer hat jedoch in diesen Wochen schwerlich die Rolle des tonangebenden Akteurs gespielt, wenn er auch nicht nur im Schatten Pfeiffers gestanden hat. Zweifellos hat er das Seine dazu beigetragen, die oppositionelle Stimmung zu steigern, wie es in den Unruhen vom 19. bis zum 26. September unübersehbar zu Tage trat. Er beteiligte sich an dem demonstrativen Auszug der Zweihundert, die den skandalösen Mißbrauch der Amtsgewalt durch den Bürgermeister Rodemann wegen einer ihm persönlich zugefügten Beleidigung allem Anscheine nach zum Anlaß nahmen, Pflichten und Rechte der städtischen Obrigkeit erneut grundsätzlich zur Debatte zu stellen. Als es am nächsten Tage durch das wortbrüchige Verhalten der beiden Bürgermeister (Flucht, Mit-

nahme des Ratssiegels etc.) zu Aufläufen gekommen war und weitere Ratsmitglieder sich absetzten, beratschlagten die Bürger (am 21. 9.) in ihren Vierteln, „wie sie es mit dem Rath machen wollten, aber sie werden nicht einig". Dabei haben auch die von Müntzer und Pfeiffer inspirierten Forderungen der Radikalen nach Bildung eines neuen Rates auf der Grundlage einer neuen Ratsordnung eine Rolle gespielt; doch läßt der Ausgang der Beratungen darauf schließen, daß man auf erheblichen Widerstand damit stieß. Da schaltete sich Müntzer in einem „offenen Briefe" in die Debatte ein und wandte sich (am 22. 9.) als „eyn knecht Gottes an die kirche zu Molhausen"[65], um sie eindringlich zu mahnen, sich dem Auftrage dieser Stunde nicht zu entziehen. Er kann und darf als ihr Seelwärter jetzt nicht schweigen, will er nicht vor Gott und den Menschen schuldig werden. „Dan ich sehe und griff, das ir von der menschlichen furcht wegen nichts beschlissen kunt", und da ist er einfach verpflichtet, ihnen „zu rathen und auf das allerfleyssigst zu dienen". Er richtet seinen Appell an „die kirche zu Molhausen", also an die christliche Gemeinde und vollzieht damit im Sinne der „Entblößung" die Scheidung der rechten Christen von den Gottlosen, die, wie die Verhandlungen gezeigt haben, von einer grundlegenden Änderung der bisherigen Mißstände gar nichts wissen wollen, um den Gläubigen um so stärker ihre Verpflichtung einzuschärfen, ohne Menschenfurcht eine gerechte Ordnung in der Stadt aufzurichten. Es soll gebührlicher Weise erst der Versuch friedlichen Übereinkommens unternommen werden: in einer vertraulichen Aussprache mit den Repräsentanten des alten Regimes ist ihnen ihr völliges Fehlverhalten nachzuweisen und sind sie brüderlich zum Rücktritt zu vermahnen, „das sey um zukunftiges ubels willen um Gottes willen solchs entsetzen gedulden wulten und euch allen zu fromen tragen". Finden sich die so Angesprochenen zum Nachgeben nicht bereit, „so wolt ir aus der pflicht gotliches wortes alle die mißhandelung, gebrechen, scheden und alle ire bosheit lassen in den druck gehn und clagen der ganzen welt ober solchs widderspenstige kopfe und vorlegen und vorwerfen in ubel widder sey, domit ir sey uberweyßen kundet". Der gewaltlose Protest der Vergewaltigten wird die ganze Christenheit aufhorchen lassen und der Mühlhäuser Kirche den Ruhm einbringen, daß sie sich im Gehorsam gegen Gott den Frevel und einer gottlosen Obrigkeit nicht beugt. Müntzer unterstreicht hier den Grundsatz entschiedenen passiven Widerstandes noch durch den Gedanken, den Protest durch eine im Druck ausgehende Anklageschrift, „do ich getruelich zu helfen weyl", aller Welt kundzutun. Dadurch wird nicht nur die in der Stadt noch vorhandene Opposition eingeschüchtert und „die abtronnige rott der gotlosen, die gewichen seynt", bloßgestellt, sondern auch die vorbildliche Bewährung der Mühlhäuser Christen in der Furcht Gottes ein Fanal der erwachenden Christenheit werden.

Es war das Echo vornehmlich aus der plebejischen Bevölkerungsschicht, wenn einige Vorstädte, „di leinweber Sanct Jacoff und aus andern hantwerken" ihre Vorstellungen „vom regiment" in elf Artikeln zusammenfaßten und sie „den Dorfschaften im Mühlhausischen Gerichte, auch dem gemeinen Pöbel zu Mühlhausen überschickt und vorgehalten"[66] haben. Stilistische wie sachliche Gründe legen die Vermutung nahe, daß dieses Dokument vornehmlich unter Beihilfe Pfeiffers entstanden ist, der damit nicht eigentlich den Rat ansprechen wollte, mit der Vorlage eines kurzgefaßten Reformprogramms vielmehr beabsichtigte, in dieser auf eine Entscheidung drängenden Situation auch die bisher nur am Rande des Geschehens beteiligte Bauernschaft für die radikale Neugestaltung des Stadtregiments zu gewinnen und durch sie die Front der oppositionellen Kräfte zu verstärken. Sehr konkret bezieht sich das „erbar hantwerk der leinweber" in seinem besonderen Bedenken dabei auch auf Müntzers offenen Brief. Wie man die beiden Schriftstücke auch im einzelnen bewerten mag, sie sind eindeutige Zustimmungserklärungen zu den von Müntzer (und Pfeiffer) propagierten Gedanken einer besseren Ordnung, von deren Durchführung man einen tiefgreifenden Wandel der kirchlichen wie der politischen Struktur des städtischen Gemeinwesens erwartete. Gottes Gebot und Gerechtigkeit nach Maßgabe der heiligen Schrift, das war das mit Emphase vorgebrachte Leitwort, das als revolutionäre Parole der besitzlosen oder weniger begüterten Schichten seinen Eindruck auf die „bürgerlichen" Kreise nicht verfehlte. Damit aber forderte man alle dem widerstrebende Gruppen zum Zusammenschluß

und zur Abwehr heraus. Die Bauern lehnten eine Beteiligung ausdrücklich ab. Es kam zu erneuten und heftigeren Tumulten, deren treibende Kraft offenbar Pfeiffer gewesen ist.
Endlich entschloß sich der Rat zu energischem Vorgehen. Er beorderte Verstärkung von den Dörfern in die Stadt und wählte an Stelle der geflüchteten zwei neue Ratsmeister, sicherlich in der Absicht, sein Nein zu der Forderung freiwilligen Rücktritts zu dokumentieren. Angesichts des entschlossenen Widerstandes sahen die Tumultuanten augenscheinlich die Aussichtslosigkeit ihres Unternehmens ein und gaben auf, bevor es zu einem bewaffneten Zusammenstoß kam. Das Fazit der turbulenten Tage war, daß man am 27. September nach allgemeiner Gehorsamsleistung „in den Vierteln umgefraget, und ist beschlossen, daß Pfeiffer und Allstedter die Stadt räumen, sobald befohlen und angekündiget worden".
Nur sieben Wochen hat Müntzers Wirksamkeit in Mühlhausen gewährt. Ihr rasches Ende dürfte ihm selber unerwartet gekommen sein; die „Regierungskrise" kam zu früh und zu überraschend, als daß er schon als der maßgebliche Akteur hätte hervortreten können. Nichtsdestotrotz war er sehr aktiv an allem beteiligt. Die von der extremen Opposition aufgestellten Forderungen einer neuen Ordnung lassen nach ihrem Inhalt wie in der Begründung bis in die Formulierung hinein eindeutig eine intensive Mitarbeit erkennen und weisen sich in ihrer Grundkonzeption als sein geistiges Eigentum aus. Dagegen dürften die tumultuarischen Exzesse am 25. und 26. September in erster Linie auf Pfeiffers Initiative zurückzuführen sein und Müntzers Beteiligung sich mehr auf ein „Mitmachen" beschränkt haben.

Die beiden Prädikanten haben sich nach ihrer Ausweisung aus Mühlhausen nach Nürnberg gewandt, wo sie gegen Ende der ersten Oktoberwoche eingetroffen sein dürften und Müntzer kurz darauf das Erscheinen der von Hut bei Hergot heimlich zum Druck gebrachten „Ausgedrückten Entblößung" erlebte. Er konnte sich dessen allerdings nicht lange freuen; denn kaum waren die ersten Exemplare versandt, geriet die Schrift in die Hände der Nürnberger Polizeiinstanzen, die rasch und entschieden zugriffen, als sich herausstellte, daß gar keine Druckgenehmigung vorlag. Der Prediger von St. Sebald kam als offizieller Gutachter zu dem Urteil, „das die darinnen beschriben ler etlicher massen irrig und uncristenlich, die mer zu aufrur dann cristenlicher und bruderlicher lieb diene“. Es blieb infolgedessen bei der sofort verfügten Konfiskation des Manuskriptes und der noch vorhandenen 400 Exemplare; nur die 100 Stück, die bereits nach Augsburg abgegangen waren, entgingen dem Zugriff. Das Verfahren gegen die Beteiligten verlief trotz alledem noch relativ harmlos und von irgendwelchen Strafmaßnahmen oder Fahndungsaktionen gegen den Verfasser wird nichts berichtet. Man ahnte offenbar gar nicht, daß dieser Mann sich in der Stadt befand. Müntzer hielt sich in der Tat damals in Nürnberg bewußt zurück; er vermied es sorgsam, öffentlich irgendwie hervorzutreten, obgleich es ihn oft genug reizen mochte, mit zündender Beredsamkeit die Geister zu entflammen. An Meinhard schrieb er gegen Ende der Nürnberger Zeit: „Ich wolt wol ein fein spiel mit den von N. angericht haben, wenn ich lust hette aufrhur zu machen, wie mir die lügenhaftige welt schuld gibt. Aber ich wil alle meine widersacher wol mit worten so feig machen, das sie es nicht werden verleugnen“[67]. Wie sehr solche Zurückhaltung angebracht war, zeigte das Geschick Pfeiffers, der durch seine öffentlichen Dispute die Aufmerksamkeit auf sich gelenkt hatte und unliebsam aufgefallen war, so daß er kurzer Hand abgeschoben wurde.

Müntzer durfte dieses Risiko nicht durch ein unbedachtes Verhalten eingehen. Er hatte in Nürnberg nichts anderes im Sinne als die schonungslose Abrechnung mit Luther: die Abfassung und Veröffentlichung der „Hochverursachte[n] schutzrede und antwort wider das geistloße, sanfftlebende fleysch zu Wittenberg, welches mit verkarter weyße durch den diepstal der heiligen schrift die erbermdliche christenheit also gantz jamerlichen besudelt hat“[68]. Es war mehr als ein abweisender Protest, als eine rechtfertigende Verteidigung; es war ein konzentrierter und massiver Angriff gegen einen Feind, dessen Wesen und Wirken erst in einer tieferen Dimension offenkundig wird. Ganz bewußt führt Müntzer die Auseinandersetzung auf dem Hintergrund von Johannes 8 (42–45), und seine „Verteufelung“ Luthers ist nicht nur die billige Rückgabe eines zuvor von Luther über ihn ausgesprochenen Urteils. Er sieht jetzt sein Verhältnis zu dem Reformator in der letzten Gegensätzlichkeit des von Gott- und vom Teufel-Seins, und in solcher Perspektive kann jedwede Gemeinsamkeit mit Luther folgerecht nur Abwendung von Christus bedeuten. Unter den gegebenen Umständen hieße schon das bloße Gewährenlassen unweigerlich auch gemeinsame Sache mit ihm machen. Das wird schärfer denn je über einzelne noch so gewichtige theologische Differenzen hinaus als der alles in sich schließende Grund der Unvereinbarkeit nun herausgestellt, und im Aufgebot wider den „Erzteufel" erscheinen selbst die gehässigen persönlichen Verunglimpfungen als Demaskierung und Bloßstellung des „Doktor Lügner" in einem eigenen Lichte: Luther ist nicht Gottes Diener und Christi Jünger, sondern der Handlanger und Knecht des Satans.

11. DIE „HOCHVERURSACHTE SCHUTZREDE"

Die ganze Schrift ist ein leidenschaftliches Aufbegehren gegen die ihm durch Luther widerfahrene Vergewaltigung. Neue theologische Elemente, die bei dieser endgültigen Abrechnung eine Fortbildung oder Veränderung seiner Position erkennen ließen, finden sich darin nicht. Nur läßt sich nicht übersehen, daß er sich vornehmlich im ersten Teile besonders gegen die bei Luther um des „sola fide" willen so auf die Spitze getriebene Abwertung der „Werke des Gesetzes" ereifert. Gipfelten seine Ausführungen in der „Ausgedrückten Entblößung" in dem Satze, daß für den wahrhaft Glaubenden bei Gott kein Ding unmöglich sei, demzufolge für den Auserwählten keinerlei Grund zu mutloser Resignation im Blick auf das ihm aufgetragene Werk bestehen könne und dürfe, so will er nunmehr den damit zu gotthöriger Aktion freigesetzten Willen dadurch noch zu tatkräftiger Entfaltung reizen, daß er „die Werke des Gesetzes" als ein unabdingbares Zeugnis rechten Glaubens herausstellt. Ohne in meritorisches Denken abzugleiten, sieht er in Luthers einseitigem „sola fide" die akute Gefahr einer verhängnisvollen Lähmung christlicher Einsatzbereitschaft durch falsche Parolen, auf die der natürliche Mensch in seiner Leidensscheu und seinem Selbsterhaltungstrieb nur zu gern eingeht. Darum vor allem mit ist er genötigt, an der mit seinen theologischen Ausflüchten wurzelhaft zusammenhängenden persönlichen Haltung und antimüntzerischen Polemik des Wittenbergers offenbar zu machen, wie sehr durch diesen Mann und seine Machenschaften die konsequente Reformation aufgehalten, ja sabotiert wird. Dennoch war es Müntzer jetzt letztlich weniger um eine detaillierte Darstellung der prinzipiellen, spezifisch theologischen Kontroverse zu tun als um die Dokumentation, daß er wegen seines Zeugnisses für die christliche Wahrheit als der getreue Knecht Gottes in der Nachfolge Christi von der vereinten Macht der Gottlosen und ihrer Verteidiger dank Luthers Initiative und maßgeblichen Beteiligung durch Lüge und Gewalt verfolgt würde. Es war in seinem Sinne in der Tat eine „Hochverursachte Schutzrede“: ein scharfer Protest gegen die ihm laufend angetane Unbill, gegen die seine Arbeit boykottierende, ihn selber an Leib und Leben gefährdende Verunglimpfung; eine rücksichtslose Aufklärung über die „wahren“ Motive und Tendenzen der gegnerischen Kampagne, die in der Bloßstellung des charakterlosen Wittenbergers gipfelte; es wurde ein höchst demagogischer Angriff auf die durch hinterhältige Täuschungsmanöver, verschlagenes Paktieren mit der Obrigkeit und prahlerische Selbstüberhebung raffiniert erschlichene Vormachtstellung Luthers. Die ihn als Werkzeug satanischer Bosheit disqualifizierende Verteufelung gibt er in letzter Zuspitzung zurück, macht an seiner und Luthers Haltung den unüberbrückbaren Gegensatz zwischen Christuszugehörigkeit und Satansgemeinschaft jedermann einsichtig und stellt damit jeden Leser zugleich vor die Entscheidungsfrage. Als „die rechte Entscheidung“ aber kann nach der typisierenden Gegenüberstellung Luther – Müntzer nur die gelten, die zugunsten einer vorbehaltlosen Hingabe an Gottes Willen mit dem tatbereiten Entschluß zu seiner entschiedenen Verwirklichung gefällt wird, die also zugunsten Müntzers fallen muß. Daran soll nach dieser Demaskierung Luthers kein Zweifel mehr möglich sein, daß dessen theologische Spekulationen lediglich darauf abgestellt sind, sich der unbedingten Forderung des göttlichen Willens zu entziehen; allein um sein selbstherrliches Ich doch noch irgendwie behaupten zu können, konstruiert er seine Rechtfertigungslehre und lehnt er Müntzers Geisteslehre ebenso ab wie dessen Verständnis der bleibenden Geltung des Gesetzes. Nur um vor der Welt etwas zu gelten, macht er bedenkenlos gemeinsame Sache mit der ebenso wie er auf Macht und Geltung bedachten Obrigkeit, auch wenn sie gegen das Evangelium und seine Bekenner wütet; nur um seine Favoritenstellung durch die wachsende Erkenntnis der Wahrheit nicht zu gefährden, führt er seinen gehässigen Verleumdungsfeldzug gegen Müntzer, den er auf jede Weise zu diffamieren sucht, während er sich selbst als einen neuen Heiligen der gegenwärtigen Christenheit anpreist. Daß bei dieser Generalabrechnung mit Luther Worte scharfer Kritik und harten Tadels auch gegen die Obrigkeit fielen, war schon dadurch nahegelegt, daß gerade sie sich ja dieses Mannes als eines willfährigen Anwaltes ihrer Machenschaften bediente und ihn besonders protegierte. Freilich sind es im Rahmen des Ganzen immer nur zwischenhinein ausgeteilte Seitenhiebe und die kaum vermeidbaren Ausfälle gehen anscheinend nicht über das hinaus, was Müntzer zuletzt schon in der „Ausgedrückten Entblößung“ zu diesem Thema geschrieben hatte. Immerhin formuliert und unterstreicht er gegenüber Luthers These, daß das Wort allein es ausrichten solle, nun ganz unverhohlen seine Überzeugung von dem prinzipiellen Rechte einer „füglichen empörung“, unter der er allerdings etwas anderes verstanden wissen will als eine aus kreatürlichmenschlichem Begehren entstandene, eigennützige Rebellion. Die Tragweite einer solchen Erklärung ist in einer erregten Zeit nicht zu unterschätzen; ebensowenig darf man jedoch Müntzer „revolutionärer“ interpretieren, als er sich selbst verstand. Seine wahrlich eindeutige Verwahrung gegen den Vorwurf, er predige den Aufruhr, ist doch nicht einfach als gegenstandslos abzutun. Gewiß, er hatte ein feines Sensorium für das von manchem noch nicht so deutlich wahrgenommene oder doch nicht ernstgenommene unterirdische Grollen; er wußte um das sich zunehmend ausbreitende Aufbegehren des Volkes gegen das unleidliche Regiment der Mächtigen. Aber er hat darin im eigenen Miterleben viel mehr die Erregung der nun auch um ihres Glaubens willen Unterdrückten und Verfolgten spüren und erkennen zu müssen vermeint, und für ihn stand fest, daß das Verlangen der von den herrschenden Zuständen am schwersten betroffenen Glaubenswilligen nach einem durchgreifenden Wandel der Verhältnisse im Einklang mit dem Willen Gottes war. Gott fordert ja von der Christenheit den Erweis ihrer Christlichkeit durch die Erneuerung der apostolischen Kirche, für die Recht und Gerechtigkeit im Zusammenleben ihrer Glieder unabdingbar sind. Darum kann eine ernsthaft am göttlichen Willen orientierte Umgestaltung der irdischen Ordnungsstrukturen kein verbotenes Handeln sein, selbst wenn sie gegen den Widerstand einer sich in ihrem ungerechten Regiment versteifenden Obrigkeit erfolgen müßte. Es kommt in der gegenwärtigen Situation darauf an, den notwendigen Schritt in der rechten

Weise zu tun. „In der gegenwärtigen Situation“ bedeutet aber einmal, daß die Ungeduld des durch die Gottlosen in seinem Glauben behinderten Volkes nicht mehr lange zu zügeln ist, es bedeutet zum anderen, daß Gottes Langmut am Ende ist und er jetzt wahr machen will, was er den tyrannischen Regenten schon längst und immer wieder angedroht hat. Der Übermut der gottlosen Bösewichte, zu denen nicht zuletzt auch der tückische Fuchs Luther zu zählen ist, wird nicht mehr lange währen, „das volck wirdt frey werden und Got will allayn der herr daruber sein“[69].

Es war gewiß bei der Wachsamkeit und Schärfe der Zensur nicht ohne weiteres möglich, das brisante Elaborat in einer Nürnberger Druckerei unterzubringen. Dennoch fand sich unter denen, die mit ihrer Sympathie für die extremeren Geister der Reformation eine kritische Haltung gegenüber Luther verbanden, ein Mann, der das Wagnis übernahm: Hieronymus Hölzel. Aber im Zuge der Abwehr karlstädtischen Einflusses war man Mitte Dezember in seiner Druckerei auch auf die „Schutzrede“ gestoßen und hatte sie gleich konfisziert, so daß Müntzer möglicherweise nie ein gedrucktes Exemplar seiner Schrift in die Hand bekommen hat, da er gegen Ende November die Stadt bereits verlassen hatte.

12. GOTTES ZEICHEN ZUM AUFSTAND

Es gab in Nürnberg offenbar nur einige wenige, die eine nähere Kenntnis von dem Fremden und seinem besonderen Vorhaben hier hatten, die auch die Verschwiegenheit wahrten, um ihn nicht zu gefährden; bot doch Luthers inzwischen bekannt gewordener Brief gegen ihn dem Rate eine gute Handhabe zur Ausweisung. Wir wissen nicht, mit wem er in diesen Wochen in nähere Beziehung getreten ist. Hans Hut mag die ersten Kontakte mit Nürnberger Bürgern hergestellt haben, von denen er erwarten konnte, daß sie dem „Allstedter" einiges Verständnis entgegenbringen würden. Zu ihnen zählte mit hoher Wahrscheinlichkeit Hans Denck, der im Herbst 1523 auf Empfehlung Ökolampads vom Nürnberger Rat aus Basel zur Leitung der Sebaldusschule berufen worden war. Er könnte Müntzer bei der Erörterung seiner weiteren Pläne angeregt haben, sich nach Basel zu wenden, und ihm auch eine Empfehlung an Ökolampad mitgegeben haben. Der Baseler Theologe äußert sich jedenfalls ausführlicher über ein persönliches Gespräch mit dem Vertriebenen[70] (der „mir Grüße ausrichtete"), und dieser selbst erwähnt einen Kontakt mit ihm in seinem „Bekenntnis"[71]: „Im Clegkaw und Hegaw bey Basell habe er etliche artigkel, wye man herschen soll aus dem ewangelio angeben, daraus furder andere artigkel gemacht; hetten ine gerne zu sich genomen, habe in aber des gedankt. Dye entporunge habe er des orts nit gemacht, sondern seyn bereit uffgestanden gewest. Ecolampodius und Hugowaldus haben in des orts geweyset zum volk zu predigen; do er dan geprediget, das doselbest unglaubige regenten, were auch unglaubigk volk, das doselbest eyn rechtfertigunge gescheen mußt". Dem Rate dieser beiden Männer ist Müntzer demnach gefolgt, als er in den Klettgau und Hegau zog, um dort als reformatorischer Prediger zu wirken, ohne daß erkennbar würde, daß der Gedanke an einen möglicherweise dauernden Aufenthalt für ihn eine maßgebliche Rolle gespielt hätte. Bullingers Angabe, daß er sich von Basel nach Grießen, „da er sich etlich wuchen enthielt“, gewandt habe, erscheint durchaus glaubwürdig. Er ist von hier aus als seinem „Standort“ durch den Klettgau gezogen und hat die Bauern aufgesucht, um sie zur rechten Erkenntnis des Gotteswortes zu bringen und dadurch zu der Einsicht, daß Grund und Ursache ihrer Not der Unglaube ist, der Unglaube der Regenten wie des Volkes, und daß beide dafür zur Rechenschaft gezogen werden müssen, wenn anders die notwendige Vorbedingung für die Gestaltung einer Gottes Willen gemäßen christlichen Lebensgemeinschaft geschaffen werden soll. Er hat auf seinen Fahrten durch das Land wohl das zumeist noch diffuse Verlangen nach einer auf Recht und Gerechtigkeit sicher gegründeten Ordnung durch Predigten wie in Gesprächen auf ein zielstrebiges Wollen auszurichten sich bemüht und schließlich als Anweisung gleichsam für das konkrete Handeln „etliche artigkel, wye man herschen soll, aus dem ewangelio angeben“.

Diese Artikel lagen meines Erachtens in dem heute so genannten „Verfassungsentwurf“[72] vor, den Johann Fabri unter den in dem eroberten Waldshut hinterlassenen Manuskripten Hubmaiers fand und nach dessen Hinrichtung 1528 als Belastungsmaterial gegen ihn auszugsweise veröffentlicht hat. Die Einteilung der Schrift in vier „Capitl“ tritt noch einigermaßen deutlich hervor. Zunächst wird, wohl als Begründung, Rechtfertigung und Mahnung zugleich vor Augen gestellt, daß nunmehr der Zeitpunkt gekommen ist, da Gott die Tyrannei der weltlichen Herren nicht mehr dulden will und das Volk selbst anstelle des Willkürregiments der bisherigen Obrigkeit eine „ordnung ... nach dem wort gottes“ aufrichten soll. Dem folgt im nächsten Abschnitt die Angabe der ersten konstruktiven Schritte: Das Volk soll landschaftsweise zusammenkommen, einen festen Bund schließen und dann eine Gottes Wort gemäße Ordnung vereinbaren, die für jedermann in der Landschaft verbindlich sein soll. Die jetzige Obrigkeit ist anscheinend an diesem das neue Gemeinwesen begründenden Akt nicht beteiligt. Doch soll sie danach zur Eingliederung in die beschlossene „brüderschafft vnd verainigung“ aufgefordert werden. Weigert sie sich aber trotz dreimaliger Aufforderung, sich wie alle anderen einzuordnen, hat die „landschafft“ ein Recht, sie ihres Amtes zu entheben und es einem anderen zu übertragen, ja, sie ist dazu verpflichtet, will sie sich nicht des Einverständnisses mit dem Treiben dieser Herren schuldig machen. Der dritte Absatz regelt sodann den modus procedendi bei der Einsetzung und der allenfalls notwendigen Absetzung: Verpflichtung des versammelten Volkes auf Gottes Wort; Zwölfervorschlag durch die Bauern; Wahl ohne Rücksicht auf den Stand der Kandidaten; bei erwiesener Untauglichkeit des Erwählten nach dreimaliger fruchtloser Zurechtweisung Möglichkeit der Absetzung; Gelöbnis zur einsatzbereiten Durchführung des Absetzungsbeschlusses. Endlich werden „im fierten Capitl“ als Maßnahmen gegen „die abgesetzten herrn“, die „sich rechen woltent“, die Erklärung des weltlichen Bannes durch den neuen Landesherren und notfalls Einsatz von Gewalt gegen die Widerspenstigen vorgesehen, „darmit die plutdürstigen Tyrannen abgetilget würdent“.

Für die Annahme einer Verfasserschaft Müntzers spricht außer dem Nachweis terminologischer wie sachlicher Korrespondenz zwischen dem „Verfassungsentwurf“ (VE) und dem müntzerischen Schrifttum die Tatsache, daß der VE, soweit Fabris Text ein Urteil zuläßt, sich unmittelbar an die von Müntzer zuletzt in Nürnberg wie im Gespräch mit Ökolampad vertretenen Ansichten von der berechtigten Lösung der Obrigkeitsfrage durch eine „fügliche Empörung“ anschließt. Man muß freilich die abwegige Vorstellung preisgeben, daß Müntzer als ein provokatorischer Agitator durch den Klettgau und den Hegau gezogen sei, um die schwelende Glut grollenden Unwillens zu schüren und sie zum lohenden Brande gewalttätigen Aufruhrs zu entfachen. Man darf nicht einfach darüber hinweggehen, daß er sich noch in der „Schutzrede“ energisch dagegen verwahrt hat, seine Lehre sei „auffrürisch“, und ausdrücklich erklärte, „wer hye ein rayn urtayl haben wil, der muß den auffrur nit lieben, auch muß er füglicher empörung nit feyndt sein; er muß ein gantz vernünfftiges mittel halten, sonst muß er meine lere anderst zu vil hassen oder zu hoch lieben nach seiner gelegenheyt, des ich nymmermer begern wil“[73].

Wir hören über das Geschick der müntzerischen Artikel nichts weiter und erfahren nur von Müntzer selber, daß „daraus furder andere artigkel gemacht“ worden sind. Unter den erhaltenen Programmschriften des Bauernkrieges könnte man diese unter starkem Vorbehalt allenfalls im „Artikelbrief“ vermuten, der ja bis in die jüngste Zeit hinein immer wieder einmal sogar Müntzer selber zugeschrieben worden ist, bzw. „müntzerischen Geist“ erkennen lassen soll. In der Tat: Hier wie dort an Stelle der bei der Haltung der privilegierten Stände doch keinen Erfolg versprechenden Vermittlungs- und Verhandlungstaktik die Aufforderung an das Volk, durch eigenständiges Handeln die Ordnung des Gemeinwesens auf der Basis gleicher Rechte und Pflichten aller durchzuführen; erst das brüderliche Ersuchen, sich in die „cristenliche Verainigung und Bruderschaft gutwilliglich ein[zu]lassen und früntliches Willens [zu] begeben“, dann im Falle der Weigerung die Androhung des „weltlichen Banns“ und schließlich bei aktivem Widerstande auch die Anwendung von Gewalt. Die weitgehende Gleichförmigkeit im Aufbau beider Dokumente läßt aber nicht nur den radikaleren Charakter, sondern auch die ganz andere Mentalität des Artikelbriefes deutlicher hervortreten, der als Ausdruck verschärfter Agitation die hochgradige Erregung widerspiegeln dürfte, die zum Frühjahr hin die Bauern erfaßte. Der Akzent ist merklich verschoben, der ganze Tenor ein anderer, die religiöse Begründung (Gott will es!) nahezu zu einer Rechtfertigung geworden. Statt dessen tritt die unerträgliche Belastung des ausgebeuteten Menschen als Motivation notwendiger Selbsthilfe in den Vordergrund, unter Berufung auf den nicht weniger als viermal beschworenen „gemeinen christlichen nutzen“ und auf das „göttliche Gebot der Nächstenliebe“, Begriffe, die bei Müntzer nicht oder kaum begegnen. Immerhin, die kaum anfechtbare Feststellung eines Abhängigkeitsverhältnisses läßt die Vermutung zu, daß der Verfasser des „Artikelbriefes“ Kenntnis von dem „Verfassungsentwurf“ gehabt hat und sich durch ihn zu seiner Arbeit hat anregen lassen, ihn jedoch in eigener Weise verändert und radikalisiert hat.

Müntzer hatte in den Wochen seines Aufenthaltes unter den Klettgauer Bauern abermals Willkür und Unrecht eigennütziger Herren miterlebt und sich darüber ereifert. Aber er laborierte nicht an den Symptomen herum und sah auch hier wie schon zuvor die Wurzel allen Übels in der selbstverschuldeten Depravation der Gesellschaftsordnung, die wieder ihren einzigen und wahren Grund in der Abkehr der Menschen von Gott als ihrem alleinigen Herren hatte. Darum blieb auch hier das eindringliche Thema seiner Predigt, „das doselbest unglaubige regenten, were auch unglaubigk volk, das doselbest eyn rechtfertigunge gescheen mußt“. Die Bauern haben sich willig gezeigt als die „armen, einfältigen, hungrigen und durstigen nach dem Gottswort, daß wir mit demselben gespieset werden“; sie „hetten ine gerne zu sich genomen“ und sich damit, so sah es Müntzer, für Gott als ihren alleinigen Herrn entschieden. Die Herren jedoch beharrten in ihrer gottlosen Tyrannei und Selbstherrlichkeit, so daß sie ihr angemaßtes Recht auf obrigkeitliche Gewalt verwirkt hatten. Die Entscheidung für oder gegen Gott war gefallen, und das war der eigentliche Grund und Anlaß für Müntzer, dem glaubenswilligen Volke mit seinen Artikeln den Weg zu weisen, wie man ein christliches Regiment bestellen und gewährleisten könne. Der wagende Schritt zur fundamentalen Umgestaltung der Christenheit war getan. Nicht aus eigenem Ermessen und revolutionärem Wollen. In diesen Wochen war es ihm zur Gewißheit geworden, daß die Zeit gekommen sei, da Gott dem Volke die Macht überantworten wolle, damit es Seinen Willen in der Christenheit zu Tat und Wesen bringe. In seinem Illusionismus sah er in dem Aufbruch einer ganzen Landschaft zur Verwirklichung der göttlichen Gerechtigkeit unter den Menschen den tatsächlichen Beginn des erwarteten großen Umschwunges.

13. DIE KAMPFANSAGE

Ende Januar 1525 hat Müntzer seinen Aufenthalt im Süden abgebrochen, obwohl man ihn dort „gerne zu sich genommen" hätte. In einem Bruchstück mit weiteren Aussagen im Heldrunger Verhör heißt es darüber hinaus: „Hat mit den paurn im Clegkawe und Hegaw zu Basel geredt, ob sie ime wolten zuziehen nach Molhausen und dise lande. Haben sie gesagt, wo man sie versolde, wolten sie ziehen"[75]. Vermutlich hatte er erfahren, daß Pfeiffer Mitte Dezember nach Mühlhausen zurückgekehrt und aufs neue in alter Weise tätig war, vielleicht hatte man ihn sogar direkt aufgefordert, ebenfalls zurückzukehren. Er sah sich jedenfalls gerufen, die vor vier Monaten so abrupt unterbrochene Arbeit wieder aufzunehmen, um die Reichsstadt zum Zentrum einer das ganze Land erfassenden Empörung zu machen ähnlich der, wie er sie im Südwesten sich ausbreiten sah. Auf dem kürzesten Weg zog er nach dem Norden und traf nach einem unfreiwilligen Aufenthalt in Fulda um den 20. Februar in Mühlhausen ein. Hier hatte sich die Situation inzwischen merklich gewandelt, und mit Befriedigung nahm er die Fortschritte der reformatorischen Bewegung zur Kenntnis: „Das wort gots ist nu gotlop bey euch lauter und clar an tag kommen, also das ir die apgotterey der bildern und altare aus den kirchen bracht"[76]. Er selbst wurde alsbald „zu einem Pfarrherrn ... zu Unser Lieben Frauen" berufen und hat nun von der Kanzel von St. Marien herab als „Botenläufer Gottes" eindringlicher denn je den unüberwindlichen Christenglauben gepredigt, der in der Kraft des Geistes die rechte Erkenntnis des Gotteswillens und die Gewißheit des göttlichen Beistandes im Vollbringen seines Werkes schenkt. Es war wahrlich kein neues Thema, das Müntzer da vortrug; aber wohl nie zuvor hatte es ihn so getrieben, davon zu sprechen wie jetzt, wo es darauf ankam, in der Stunde der Entscheidung die Auserwählten ganz und gar mit dem Ernste des Gotteswillens zu erfüllen und sie zu entschlossenem Einsatz gegen die Tyrannei der Gottlosen zu bewegen. Dabei spürte er bald, wie schwer es der Bürgerschaft immer noch fiel, sowohl sich in der Auseinandersetzung mit den ungläubigen Machthabern zu einer kompromißlosen Kampfansage durchzuringen als auch in der persönlichen Lebensführung die Ernsthaftigkeit des neuen Glaubens in praktischer Bewährung unter Beweis zu stellen. „Wollt ir nu selig werden, so musten ir auch die apgote in heusern und kasten, sonderlich das schone zynen geschirre von den wenden, cleynot, silberwerk und bargelt aus den kasten auch wegtun. Dan dieweyl ir das lieben, wyrdet der geyst gots nit bei euch wonen". Es ging bei dieser Forderung weder um ein „kommunistisches Ideal" der Güterverteilung noch etwa um die Opferbereitschaft zur Finanzierung der Rüstung für die Erhebung. Das Herz als der Tempel Gottes muß frei sein von jeder kreatürlichen Bindung, von allem Eingenommensein durch trügerische Idole, um ganz vom „geyst gots" erfüllt werden zu können, der mit der rechten Erkenntnis die tatbereite Entschlossenheit zur Erfüllung des göttlichen Willens gibt: Die Seligkeit ist mit Halbheiten nicht zu gewinnen. Es ist wohl denkbar, daß „etliche lose burßen" sich durch Müntzers Agitation aufgefordert sahen, daß sie „denjenigen, so itzt aldahe irs bosen handelns nit anhengig haben seyn wollen, ausweychen mußen, ire behausunge stormen, weybe und kynder vortreyben solten". Entlud sich darin lediglich der aufgestaute Zorn radikaler Elemente über die Geflüchteten und deren Machenschaften, der sich ja schon früher bedrohlich geäußert hatte, oder handelte es sich im Ansatz bereits um die Ausführung eines revolutionären Programmpunktes, der den Ausschluß der „Widerspennigen" aus der „cristenlichen Vereinigung" vorsah? Noch hat freilich „der rat davor gewerht und, damit zu vorzihen, fleyßig gebeten". Auch die „Außenpolitik" des Rates entsprach allem Anscheine nach nicht ganz seinen Erwartungen. Sie war ihm, gemessen an dem Aufbegehren der süddeutschen Bauern gegen die Willkür der Herren zu defensiv, obwohl er zugeben mochte, daß man unbilligen Forderungen namentlich Herzog Georgs von Sachsen nachzugeben nicht gewillt war. Ein Zwischenfall bei der vom Rat am 9. März angesetzten allgemeinen Musterung der Wehrfähigen machte ihm dann das Vorhandensein einer starken Opposition gegen seine militante Agitation besonders offenkundig, als sein vor der versammelten Mannschaft nach einer Ansprache vorgebrachtes Verlangen auf Widerspruch stieß und unerfüllt blieb: „Welcher nu under euch beym wort gots bleyben, sterben und des eynen eyd schweren will, der richte mit myr eynen finger auf; welche das nit tun wollen, treten aus uf eynen sondern haufen“. Nach dem energischen Einspruch des Hauptmanns „hat die gemeyn desmals nit schweren wollen“[77].

Müntzer und Pfeiffer versuchten nun erst recht, stärkeren Einfluß auf den Gang der Dinge zu gewinnen. In dreitägigen Verhandlungen wollte man den Rat dazu bringen, auf ihre Vorstellungen einzugehen, die offensichtlich einen Kurswechsel der inneren wie äußeren Politik der Stadt zum Ziele hatten, wobei es weniger darum ging, den beiden Prädikanten Sitz und Stimme im Rate zu geben als ihre Ideen in die Tat umzusetzen. Als der Rat schließlich „nicht hat willigen können noch wollen“, forderte die Gegenseite, „ein ander Regiment zu wählen“[78]. Man ließ es wohl oder übel auf eine Machtprobe ankommen, die bei einer auf den 16. März in die Marienkirche einberufenen Versammlung „alle(r) Bürger neben dem Rath“ zugunsten eines neuen Rates ausfiel. Es ist den Revoltierenden augenscheinlich nicht schwer gefallen, das Abstimmungsergebnis zu manipulieren, nachdem sie schon zuvor die einen eingeschüchtert, die anderen für sich gewonnen hatten. Tags darauf, am 17. März, „frühe sind sie aufs Rathaus gegangen, daselbst haben sie den alten Rath seiner Aemter entsetzet, die ein jeder hat müssen den Predigern und den acht Mann übergeben, und haben einen neuen Rath dermaßen erwählet, daß er ewig sein und heißen und stets für und für regieren sollte, und keiner, er stürbe denn, daraus gelassen werden“. Man griff also bei seiner Konstituierung auf die elf Artikel vom September des Vorjahres zurück, wobei es freilich im Text der „Chronik“ offenbleibt, was alles noch aus dem damaligen Programm übernommen wurde.

Der neu eingesetzte „Ewige Rat“ war keineswegs ein Gremium von lauter Revolutionären. Einige seiner 16 Mitglieder waren gewiß überzeugte Anhänger der beiden Prediger, andere kaum mehr als Sympathisanten oder auch nur Mitläufer, deren fachkundiger Mitarbeit man sich aber gerne bediente. Bereits vier

Wochen nach Müntzers Rückkehr hatte somit der alte Rat einem neuen „demokratischen“ Kollegium weichen müssen, ohne daß es zu einer Gegendemonstration durch die Anhänger des alten Regimes in der Stadt selbst gekommen wäre. Die Quellen über die von den neuen Männern durchgeführten oder geplanten Maßnahmen zur Aufrichtung einer gerechten Ordnung des Gemeinwesens fließen zu spärlich, als daß man sich ein zureichendes Bild vom Wandel der Verhältnisse in der Stadt machen könnte. Es deutet aber manches darauf hin, daß man frei von „klassenkämpferischen“ Tendenzen einen gemäßigten Kurs zu steuern suchte, der im Rahmen des irgend möglichen eine geschlossene Gemeinschaft der Bewohner anstrebte, deren einende Mitte das Bekenntnis zur Reformation im Verständnis Müntzers sein sollte, ohne allerdings dessen militante Kampfparolen gegen die gottlosen Tyrannen in aller Welt sonderlich zu betonen. Man hielt sich lieber in den engeren Grenzen des unmittelbaren Interessenhorizontes der Stadt Mühlhausen.

Müntzer hatte jedoch nicht die Ruhe und Sicherheit Mühlhausens im Blick; ihm ging es um die Erhebung der ganzen thüringisch-sächsischen Landschaft; die Stabilisierung des jetzigen Regimes in der Stadt war ihm nur ein erster notwendiger Schritt zum allgemeinen Aufstand der Gläubigen gegen die Gottlosen. Das hatte mancher Bürger zunächst noch nicht recht begriffen oder doch nicht so ernst genommen und als überstiegenes Gerede des eifernden Predigers abgetan. Die drohende Gefahr einer gewaltsamen Einmischung Herzog Georgs mochte viele einzelne Aktionen wie die Musterung am 9. März, die Beschaffung von Spießen, die Herstellung von Geschützen, das Reden von dem „Zuzug“ der süddeutschen Bauern u.s.f. als vorsorgliche Maßnahmen zur Abwehr von Feindseligkeiten erscheinen lassen, bis jeder Zweifel an der Ernsthaftigkeit des müntzerischen Vorhabens durch die Ereignisse selbst beseitigt wurde. In seinem Sammelbericht vom 17. April wußte der Amtmann von Salza, Sittich von Belepsch, seinem Herrn zu melden: „Der Alstetter hat eyn weyß fenleyn von etlichen und 30 eln zendels machen unde darane eynen regenbogen mit den worten verbum domini maneat in etternum und eyn reym, laudende, dis ist das zeychen des ewigen bund gotes, alle, die bey dem bünde stehen wollen, sollen darundertreten, malen laßen. Dasselb fenlen hat er in u. l. fr. kyrchen bey dem predigtstuel gestegkt, laßet sich vornhemen, er wolle dasselbig fenlein zu felde bringen und zuforderst beym fenlein seyn, auch 2000 fremdes volks understehen hineynzubrengen“[79]. Jetzt kam es also anscheinend zur Konstituierung des „Ewigen bundes“ in Mühlhausen und wurde das „weyß fenleyn“ mit dem Regenbogen zum Symbol des verschworenen Bündnisses mit Gott zum Untergange der Gottlosen. Das war ein in seiner Aussage den Zeitgenossen durchaus verständlicher symbolischer Akt offener Kampfansage.

Man geht kaum fehl in der Annahme, daß die sich häufenden Nachrichten von der immer stärker anschwellenden Erregung im Lande Müntzer mit vorwärtsgetrieben haben. Die Welle der Aufstände von Südwesten und Süden kam im April rasch näher. Er erlebte mit wacher Bewußtheit die spannungsgeladene Atmosphäre der in seiner unmittelbaren Nähe aufbrechenden Empörung und konnte in ihr mit Recht auch eine Frucht seiner eigenen Predigt sehen. Den Anstoß zur offenen Auflehnung in der weiteren Nachbarschaft gab zwar eindeutig die Aufstandsbewegung der süddeutschen Bauern; aber je weiter sie in den thüringisch-sächsischen Raum übergriff, desto öfter stieß sie auf einen von ihm und seinen Anhängern vorbereiteten Boden. Der in Mühlhausen herbeigeführte Umsturz hatte bereits die Wirkung einer alarmierenden Ankündigung des nahen Sturmes, die von den aufsässigen Untertanen ebenso erwartungsvoll gehört wurde, wie sie an den fürstlichen Höfen und an den Herrschaftssitzen eine nervöse Betriebsamkeit auslöste. Die Berichte des Amtmanns von Salza lassen erkennen, wie man die Haltung des Müntzer-Pfeiffer-Anhanges und sein Gewährenlassen durch den Rat zunehmend ernster beurteilte und einen Anschluß an bereits umherziehende Haufen mit allen unabsehbaren Folgen kurz nach Ostern (16. April) täglich befürchtete. Mögen die Berichte die Lage auch bewußt in den düstersten Farben schildern und die von Mühlhausen drohende Gefahr gespenstisch an die Wand malen, es traf doch zu, daß der Rat die beiden Prediger nicht zügelte, wenn sie mit ihren Kampfparolen den militanten Aktionswillen ihrer Gefolgschaft ständig steigerten. Gewiß war das nur eine Minderheit; aber sie war ansehnlich und fanatisch genug, nicht nur um aus eigenem Entschluß selbständige Unternehmungen durchzuführen, sondern auch um unter Umständen den Rat zu Entscheidungen zu nötigen, die seinen eigentlichen Intentionen zuwiderliefen. Angesichts der vom Rat offenbar noch geübten Zurückhaltung wartete Müntzer mit Ungeduld nun auf eine günstige Gelegenheit, Mühlhausen endlich mit in das große Spiel zu bringen. Am 26. April war es so weit.

14. DIE ERSTEN AKTIONEN UND DER ZUG AUF DAS EICHSFELD

„Mittwochen nach Quasimodogeniti [26. April] zogen Münzer und Pfeiffer aus Mühlhausen mit 400 Mann allerlei Volk ungefähr, mit einem weißen Fähnlein, darin ein Regenbogen stund, sagten, sie wollten mustern. Als ihnen aber angezeigt, wie zu Salza ein Auflauf sein sollte, zogen sie nach Salza und erboten sich, den christlichen Brüdern zu Hülfe zu kommen“[80]. Hinter der Musterung stand von vornherein die Absicht, den Aufstand der „christlichen Brüder“ in Salza zu unterstützen; denn es ist eindeutig, daß die Nachricht vom Ausbruch der Empörung in Salza das Unternehmen der Mühlhäuser ausgelöst hat, das dann auf die Initiative von Müntzer und Pfeiffer zustande kam. Die Salzaer machten zwar von der angebotenen Hilfe keinen Gebrauch, und die Mühlhäuser ließen sich wieder zum Abzug bewegen, ohne die Stadt überhaupt betreten zu haben. In Wirklichkeit hatte man aber viel mehr erreicht, und darauf kam es den Initiatoren an: der Schritt zur aktiven Teilnahme an der allgemeinen Aufstandsbewegung war getan.

Müntzers emphatischer Brief an die Allstedter Bundgenossen[81] ist das beredte Zeugnis der Gedanken und Empfindungen, die den „knecht Gottes wider dye gottloßen“ in der Stunde des Durchbruches zum Handeln für die Sache Gottes erfüllten. Noch vor dem Auszug nach Salza schrieb er in der Nacht den flammenden Appell an sie, nicht länger tatenlos und unschlüssig abseits zu stehen: „... fanget an und streytet den streyth des Herren! Es ist hoch zeyth, haltet eure bruder alle darzu, das sie gottlichs gezeugnus nicht vorspotten, sunst mussen sie alle vorterben. Das ganze deutsche, franzosisch und welsch land ist wag, der meyster will spiel machen, die bößwichter mussen dran. ... Wan euer nuhr drey ist, die in Gott gelassen allein seynen nahmen und ehre suchen, werdet ir hundert tausent nit furchten. Nuhn dran, dran, dran, es ist zeyt, die boßwichter seint frey vorzagt wie die hund. Regt dye bruder an, das sie zur fried kommen und ir bewegung gezeugnus holen. Es ist uber dye mas hoch von noethen. Dran, dran, dran! Last euch nicht erbarmen, ap euch der Esaw guthe wort furslecht genesis 33. Sehet nit an den jhammer der gottloßen. Sie werden euch also freuntlich bitten, greynen, flehen wie dye kinder. Lasset euch nit erbarmen, wie Gott durch Moßen bevolen hat, deutro. 7, und uns hat er auch offenbart dasselb. Reget an in dorfern und stedten und sonderlich die bergkgesellen mit ander guther bursse, welche guth darzu wird sein. Wir mussen nit lenger slaffen. ... Dran, dran, dyeweyl das feuer hayß ist. Lasset euer schwerth nit kalt werden, lasset nit vorlehmen! Schmidet pinkepanke auf den ambossen Nymroths werfet ihne den thorm zu bodem! Es ist nit mugelich, weyl sie leben, das ir der menschlichen forcht soltet lehr werden. Mann kan euch von Gotte nit sagen, dieweyl sie uber euch regiren. Dran, dran, weyl ir tag habt. Gott gehet euch vor, volget, volget! ... Darumb last euch nit abschrecken. Gott ist mit euch ... Dits sagt Gott: ‚Ir solt euch nit forchten. Ir solt diese grosse menge nit scheuen, es ist nit euer, sondern des herrn streyt. Ir seyt nit dye da streiten ...'"

Müntzer spricht mit dem abschließenden Zitat aus 2. Chron. 20, 15–18 Gottes eigenstes Wort in die gegenwärtige Situation. Was ihm im Schwarzwald erstmals aufgegangen war, ist ihm nunmehr zur absoluten Gewißheit geworden: hinter all den Erhebungen der letzten Wochen und Tage steht Gott selbst. In ihnen hebt sein Strafgericht über die Gottlosen bereits an und fordert er zugleich mit der Zusage seiner Hilfe von den Glaubenswilligen den Tatbeweis ihres ernsthaften Willens, ihn allein wieder als den Herrn anzuerkennen: Wenn sie „in Gott gelassen allein seynen nahmen und ehre suchen", werden sie im Kampfe gegen die Bösewichter trotz aller zahlenmäßigen Unterlegenheit unüberwindlich sein; er macht seine Feinde schon jetzt „vorzagt wie die hund". Gott erwartet von seinen Erwählten die erbarmungslose Entmachtung der Gottlosen. Diese Erhebung ist eben nicht als ein Akt menschlicher Eigenmächtigkeit und Eigenwilligkeit, schon gar nicht menschlich-kreatürlichen Eigennutzes zu begreifen; es geht um den von Gott geforderten Einsatz für Gottes Sache. „Es ist nit euer, sondern des herrn streyt. Ir seyt nit dye da streiten". „Gott gehet euch vor, volget, volget!“ – Dieser Kampfaufruf zu Beginn des Thüringer Aufstandes macht es eindrücklich klar, daß der Begriff „Revolution“ in seinem modernen Sinn hier völlig abwegig ist, daß schon gar nicht von einer klassenkämpferischen Aktion zur Veränderung der bestehenden politisch-sozialen Gesellschaftsstruktur die Rede sein kann, die menschlich-kreatürlichen Bedürfnissen Rechnung tragen soll. Das besagt nicht, daß Müntzer der Gedanke an einen tiefgreifenden Wandel der gesellschaftlichen Verhältnisse völlig fern gelegen hätte; aber die neue Ordnung kommt nicht durch die Orientierung am Menschen, an seinen Interessen und Wünschen zustande, sondern sie ist ein sich von selbst ergebender Effekt der unbedingten Anerkennung Gottes und seines Willens, notwendiges Zeugnis der effektiven Rechtfertigung der Gottesfreunde. Die Prioritäten sind hier eindeutig gesetzt und Müntzer hat sie in seinem letzten Zeugnis ebenso unmißverständlich bestätigt. „Das sag ich euch, wolt ir nit *umb Gottes willen* leyden, so must ir des teufels merterer sein“!

Der „Ewige Rat“ war von dem Zuge nach Salza nicht erbaut, noch weniger damit einverstanden, daß ein sich unter Teilnahme Müntzers absondernder Haufen in der Frühe des nächsten Tages das Kloster Volkeroda geplündert und verwüstet hatte. Zumindest die Mehrheit des neu gebildeten Gremiums suchte derartige von den beiden Predigern zu verantwortende Ausschreitungen – wohl zur Vermeidung politischer Verwicklungen – zu unterbinden. Doch weder Pfeiffer noch Müntzer waren gesonnen, sich von dem einmal gefaßten Entschluß abbringen zu lassen, und es gelang ihnen, ihren Willen durchzusetzen. Welche Gründe hätten die Herren des neuen Rates gegen eine Beteiligung Mühlhausens an der Zerstörung der Klöster und Schlösser überhaupt vorbringen können, die ihnen nicht durch den Hinweis auf den „ernsten Willen Gottes“ aus der Hand geschlagen worden wären? Es kann als ihnen deutlich gemachte Konsequenz des Geschehens vom 16. und 17. März nicht überraschen, daß sie den beiden Predigern und ihrem Anhang den Weg freigaben, das Mühlhäuser Fähnlein gegen die „Gottlosen“ ins Feld zu führen. Am Freitag [28. 4.] zog „der merentheil . . . des Rathes, vnnd burger vnd burgers sön, mit gentzenn hauffen, auß der statt Mulhaussen mit der statt geschutz vnd vffgeregtem fenlin“ nach Görmar, wo sie „ir getzelle offgeschlagen“ haben, und der Rat war auch auf dem Zuge nach Ebeleben und weiter auf das Eichsfeld vertreten.

Die Haltung Müntzers kennzeichnet in diesen und den folgenden Tagen ein Situationsbild im Lager von Görmar. Kurz nacheinander trafen hier ein Mühlhäuser Haufen von einem Plünderungszug nach Schlotheim und ein Eichsfelder Haufen mit seiner Beute ein: „Die Eichsfelder sehr stark, auch mit acht oder neun Wagen gekommen, darauf gewesen Speck, Glocken, Heurath und Geschmeide, und haben angezeigt, daß sie solches auf [dem] Eichsfelde aus den Klöstern genommen. Des hat sie der Müntzer empfangen und als christliche Brüder gelobt und zu seinen Brüdern angenommen, und ist er so bald auf ein Pferd gesessen und [hat] im Felde ein Predigt gethan und nach der Predigt den Raub gleich unter die Mühlhäusischen und Eichsfeldischen Buben ausgeteilet“[82]. Müntzer begrüßt und lobt die Eichsfelder Klosterräuber als christliche Brüder, hält im Lager eine Predigt und verteilt anschließend den Raub! Sind ihm nach Volkenroda auch jetzt noch keinerlei Bedenken gekommen, ob es diesen marodierenden Scharen denn auch nur am Rande um die Verwirklichung des von ihm gepredigten Gotteswillen zu tun war? Gewiß, es war in seinem Sinne, daß man ohne Skrupel die Stätten des Götzendienstes verwüstete und die „Baalsdiener“ verjagte; sie trugen ja die Schuld an der Irreführung des Volkes und an seiner Abkehr vom rechten Gottesglauben. Es war nach seiner Überzeugung gerechtfertigt, daß man die festen Häuser der gottlosen Tyrannen zerstörte und ihnen die Macht nahm. Aber: wieweit war das für ihn nach wie vor zentrale Anliegen wirklich auch ein bestimmendes Motiv für die Aufständischen? Er hatte diese Menschen aus den gewohnten Bindungen einer überkommenen Kirchlichkeit und einer selbstverständlich hingenommenen Christlichkeit gelöst; sie redeten nun wohl mit müntzerischem Akzent von Gott als ihrem alleinigen Herrn, von der Beseitigung der Herrschaft der Gottlosen, vom Ende allen gottlosen Wesens und dem Beginn einer wahrhaft christlichen Brüderlichkeit. Waren jedoch alle diese für Müntzer so bedeutungsvollen Worte in ihrem Munde nicht ihres eigentlichen Inhalts entleert, zu gängigen Parolen und bloßen Schlagwörtern abgesunken, die als Vorwand und Rechtfertigung für eine blindwütige Beutegier und Zerstörungslust dienen mußten? Offensichtlich hat Müntzer in der hochgestimmten Erwartung dieser Tage und Wochen die Reinheit und Stärke der religiösen Beweggründe bei den Aufständischen überschätzt. Es mag zutreffen, daß nicht wenige von einer Art „religiöser Begeisterung“ erfaßt waren und ihnen ihr Handeln vor Gott und der Welt als gerechtfertigt erschien, von Gott ihnen geheißen war. Aber damit verbanden sich mancherlei andere Beweggründe und Interessen, vom Eifer für eine Neugestaltung der Gesellschaftsordnung bis zum „eigennutz und mutwillen“, bis hin zum Haß gegen alles, was Rang, Rechte und Reichtum besaß. Alles das erzeugte im Endeffekt ein im einzelnen kaum zu differenzierendes Pathos feindseliger Aggressivität gegen die „Gottlosen“, den Inbegriff alles Hassenswerten. Müntzer sah darin in diesem Augenblicke des kämpferischen Aufbruchs undifferenziert nur den tatbereiten Einsatzwillen des Volkes, dem wahren Worte Gottes gegen alle Verkehrung und Unterdrückung durch geistliche wie weltliche Mächte im gesamten Bereiche des persönlichen wie des gemeinschaftlichen Lebens unbedingt Geltung zu verschaffen; und das bedeutete jetzt eben, den hartnäckigen Widerstand durch rücksichtslose Gewaltanwendung zu brechen. Er selbst forderte ja den erbarmungslosen Kampf, und manches Wort von ihm war gewiß dazu angetan, auch triebhafte Leidenschaften zu entfesseln. Wir kennen aus diesen letzten Wochen bis zur Katastrophe von Frankenhausen derartige Äußerungen von ihm, jedoch – abgesehen von der besonderen Situation nach der Rückkehr vom Eichsfeld – kaum eine, aus der zu schließen wäre, daß abwegige Motive und ein eigensüchtiges Verhalten am Aufstand beteiligter Bauern Bedenken in ihm erregt hätten. Er bejahte die Aktion gegen Klöster und Schlösser voll und ganz; die plündernden Bauern waren für ihn keine Marodeure, sondern wirklich christliche Brüder, die dem götzendienerischen Unwesen der Ordensleute wie der Tyrannei der Herren ein Ende machten.

Am 29. April setzte sich der ganze in Görmar versammelte

Haufen mit dem Ziele Frankenhausen in Bewegung, um einem dringenden Hilfegesuch der dortigen Gemeinde nachzukommen. Ob das die Änderung eines ursprünglich anders konzipierten Marschplanes bedeutete, ist nicht erkennbar; zweifellos aber entsprach es den Wünschen Müntzers, daß man in Richtung auf seinen früheren Wirkungsbereich zog, wo zugleich nahe bei Frankenhausen in Heldrungen der ihm persönlich verhaßte Graf Ernst von Mansfeld saß. Es war ein beachtliches Aufgebot, das sich in seinem Kern aus dem Mühlhäuser Kontigent und dem Eichsfeldischen Haufen rekrutierte und aus den thüringisch-sächsischen Landen wie von Hessen her laufend weiteren Zuzug erhielt. In Ebeleben änderte man dann allerdings, schon im Aufbruch zum Weitermarsch „nach Heldrungen ins Mansfeldische Land", auf die drängende Bitte einer Eichsfelder Gesandtschaft um Schutz vor den Übergriffen „der bösen Obrigkeit" den in Görmar gefaßten Entschluß und zog eine Woche lang plündernd durch das Eichsfeld. Die folgenschwere Umdisposition war vornehmlich der starken Einflußnahme Pfeiffers zuzuschreiben, und es ist verlockend, durch eine freie Kombination ausgewählter Interpretationsmöglichkeiten der Quellen ein Planspiel gegenseitiger Überlistungsversuche zweier Rivalen zu entwerfen, bei dem Pfeiffer zumindest stärker belastet wird. Aber Müntzer übersah die Tragweite der neuen Entscheidung offenkundig nicht, konnte es damals auch wohl kaum, wenn er sich nicht stärker dagegen zur Wehr setzte, selber vielleicht von dem angeblich so akuten Notstand der Eichsfelder überzeugt. Nur stieß man dann bei dem „Durchzug" nirgendwo wirklich auf Widerstand und überbot nun hemmungslos die von den Einheimischen zuvor bereits durchgeführten Plünderungen noch durch die Zerstörung und Brandschatzung der Gebäude.

Der „Knecht Gottes" hat an dem von den „Erwählten" vollstreckten „Strafgericht Gottes" keinen Anstoß genommen, sich gegen jedes „Erbarmen" verhärtet, wie er es im Briefe an die Allstedter gefordert hatte, hat auch den in ihm vielleicht aufkommenden Argwohn unterdrückt, daß viele sich bei dem wüsten Treiben mehr von ihrem Eigennutz als von Gottes Willen leiten ließen. Er konnte und wollte nichts anderes sehen und bedenken als die jetzt und hier sich vollziehende gottgewollte Entmachtung der Gottlosen, freilich ohne bei aller Härte und Unnachgiebigkeit den Vorwurf zu rechtfertigen, den ihm gerade in diesen Tagen (7. Mai) selbst ein Zeiß machte: er sei „blutgierig“. Nahm er doch eben jetzt – in Übereinstimmung mit dem im „Verfassungsentwurf“ aufgestellten Grundsätzen – auch Glieder des höheren und niederen Adels in die christliche Bruderschaft auf. Selbstredend mußten sie sich den Bedingungen der Aufständischen unterwerfen, die die Anerkennung ihrer Ordnungen und die Beteiligung an ihren Unternehmungen forderten; doch wurde ihnen „christliche freyheit zugesaget, sie nicht zu bescheidigen oder unziemlich beschweren“ u. s. f.

Müntzer mochte sich in der verantwortlichen Erfüllung seines Auftrages mit vollem Einsatz an dem Zuge durch das Eichsfeld als einer demonstrativen Kundgebung der Machtübernahme des gotthörigen Volkes beteiligt haben. Als jedoch der große Haufen auf dem Rückmarsch am 4./5. Mai bei Worbis einfach auseinanderlief und nur ein Bruchteil sich noch bereitfand, nun auch das Frankenhausen gegebene Versprechen einzulösen, war der Frage nicht mehr auszuweichen, ob hier nicht unnötig viel Zeit und Kraft vertan worden war. Sie stellte sich ihm um so mehr, als zu den ersten Nachrichten, die er bei seiner Rückkehr nach Mühlhausen erhielt, die inständige Bitte der bedrängten Bauern aus der Pflege Sangerhausen gehörte, ihnen zu helfen, vor allem dann das vorwurfsvolle Schreiben aus Frankenhausen, die großsprecherische Zusage sofortigen starken Zuzugs nicht eingehalten zu haben und so für die inzwischen eingetretene kritische Situation mit verantwortlich zu sein, die das Eintreffen der Mühlhäuser Mannschaft „ufs lengste in zweien tagen“ erfordere. Darüber hinaus kamen Beistandsgesuche nicht nur aus dem Osten, erfuhr er von Hemmnissen und Widerständen, die sich der Bewegung entgegenstellten (Schmalkaldener in Eisenach); Klagen über harte Gegenmaßnahmen der Herren wie über ein befremdliches Verhalten „christlicher brüder“ drangen zu ihm; Angst und Verzagtheit dämpften Mut und Entschlossenheit und ließen zum Teil die von ihm so befürchtete Möglichkeit schwächlicher Kompromißbereitschaft zu einer akuten

Gefahr werden. Nicht zuletzt stieß er in Mühlhausen selbst auf ungeahnte Schwierigkeiten bei der Vorbereitung des neuen Zuges nach Frankenhausen, auf mangelnde Hilfsbereitschaft und eine unfaßbare Verständnislosigkeit für die Bedrängnis der auf die versprochene Hilfe wartenden Brüder. Es schien fast so, als ginge er bei so viel menschlichem Versagen und unbrüderlichem Verhalten sogar mit dem Gedanken um, die Mühlhäuser sich selbst zu überlassen und woanders seine Arbeit fortzusetzen.

Was aber eine bedachtsamere Natur nachdenklich gemacht haben würde, forderte Müntzers unnachgiebige Entschiedenheit in der Durchführung des gottgewollten Umbruchs heraus und entfachte die Leidenschaft des Gottesknechtes zu neuer Glut. Der Eifer um Gottes Sache, die Überzeugtheit, Gott will es, die Gewißheit seiner Hilfe machten ihn immun gegen alle Zweifel am Gelingen des Werkes und verkehrten sich in seinem religiösen Illusionismus in eine trügerische Sicherheit, die die realen Gegebenheiten, auch wo sie als bittere Wirklichkeit erfahren wurden, als ohnmächtige, im Grunde bereits entmachtete Größen gering achten zu können wähnte. Er ging gewiß nicht in Permanenz mit unentwegter Zuversicht durch die Tage; er kannte auch die niederdrückende Macht menschlicher Schwachheit; er wußte um die unheimliche Anfechtung des Verzagens; aber das gehörte zum Wesen der „passio amara", und das durch nichts auszulöschende Wissen um seine „Dienstverpflichtung" gegenüber Gott riß ihn aus allen Untiefen bald wieder heraus. Man fragt sich wohl, was das für ein Mann war, der in dem Augenblick, wo er alle verfügbaren Kräfte für den Zug nach Frankenhausen mit Mühe und Not zusammenzubringen suchte, den Schmalkaldenern versprach, daß „der ganze haufe von der keyent [Gegend] auch rauffer in euer leger kommen"[83] werde. Als ob der Marsch nach Frankenhausen eine schnell zu erledigende Angelegenheit gewesen und es den Aufständischen im Eisenacher Lager nicht auf jeden Tag angekommen wäre. Es gehört viel Phantasie dazu, Müntzer die Qualifikation eines militärischen Führers zuzusprechen. Er hatte weder einen Überblick über die tatsächliche Lage, noch war er imstande, überlegte und durchdachte Entscheidungen zu treffen. Er ist derselbe und

immer wieder gleiche, der in seiner Einbildungskraft dem Geschehen vorgreift, der bereits im Vollzuge des Kommenden lebt, für den in der ungeduldigen Vorwegnahme des Erstrebten das Ziel als schon erreicht, das zeitliche Nacheinander gleichsam aufgehoben ist. Diese These deckt sich gewiß nicht immer mit dem Tatbestand; es bleibt bei Gestalten wie Müntzer ein schlechthin unberechenbares Moment.
Müntzers Unrast wuchs mit jedem Tage, der ihn von Frankenhausen noch fernhielt; er hatte doch wohl ernsthafte Sorge zu spät zu kommen, um eine Niederwerfung oder Selbstauflösung des dort versammelten Haufens noch verhindern zu können. Denn das würde sich auf die Erhebung dort in weitem Umkreis verhängnisvoll auswirken und den ihm seit seinem Appell an die Allstedter vorschwebenden Plan zunichte machen, den Aufstand in seinem ehemaligen Wirkungsbereich voranzutreiben und darüber hinaus in das Mansfelder Land hinein auszuweiten, insbesondere auch mit Ernst von Mansfeld abzurechnen. Aber die alte Opposition in Mühlhausen gegen ein Engagement der Stadt an einem derartigen Unternehmen meldete sich jetzt in verstärktem Maße wieder zum Worte, bis Müntzer, nach einem kurzen Moment der Resignation, entschlossen den Kampf gegen die Quertreibereien aufnahm, hinter denen er, höchst wahrscheinlich mit Recht, vor allem die Agitation Pfeiffers vermutete. Das Ergebnis seiner Bemühungen, das anscheinend durch die „Ratschläge“ des einen Kompromiß suchenden Stadtsyndikus Johann von Otthera zustande kam, war allerdings mager genug. Da sich eine moralische Verpflichtung Mühlhausens zur Einlösung des gegebenen Hilfeversprechens nicht leugnen ließ, sollte der sofortige Zug Müntzers in keiner Weise behindert, vielmehr gefördert werden. Andererseits durfte die Sicherheit der Stadt durch den Abzug zu vieler Bürger nicht gefährdet werden und sollte durch mancherlei Kautelen ihre Verantwortlichkeit für das Unternehmen derart eingeschränkt und gegen eventuelle Anklagen so abgesichert werden, daß ihr keine Nachteile entstehen könnten. Das bedeutete den erklärten Verzicht, ein offizielles Kontigent nach Frankenhausen zu detachieren; man stellte aber jedem Bürger die Teilnahme frei, legte sie den „revolutionären“ Geistern sogar indirekt nahe.

Überdies erließ man ein Ausschreiben an „die christlichen bruder umb uns ligende ... den haufen zu sterken und ohme zu hulfe zu kommen“, ein Aufruf, der allerdings kaum geeignet war, zur Beteiligung zu reizen. Der Knecht Gottes ließ sich nicht beirren. Ohne noch lange auf Zulauf zu warten, brach er mit einem nicht mehr so ansehnlichen Haufen und acht von der Stadt geliehenen Karrenbüchsen auf. Fast zwei Wochen später als erwartet traf er am Mittag des 12. Mai in Frankenhausen ein.

15. „. . . MIT DEM SCHWERT GEDEONIS“

Die in den letzten Apriltagen in der Stadt offen ausgebrochene Empörung, wie Müntzers Appell an die Allstedter und Mansfelder, die Parole des Mühlhäuser Aufgebotes „gen Heldrungen“ u. a. m. hatten Frankenhausen in wenigen Tagen zum Sammelplatz eines nach Tausenden zählenden Bauernhaufens aus der näheren und weiteren Umgebung werden lassen, dessen Aktionsfähigkeit aber durch das Fehlen einer zielstrebigen Führung gelähmt war. Die sich je länger desto mehr zuungunsten der Aufständischen verändernde Situation blieb den nur sporadisch eingesetzten Massen natürlich nicht verborgen und dämpfte die vorübergehend auflebende zuversichtlich-tatenfrohe Stimmung im Lager bald wieder, wo man erwartungsvoll, aber vielleicht schon nicht ohne leichte Skepsis der Ankunft Müntzers und der Mühlhäuser entgegensah. Es war das deutlichste Zeichen des erlahmenden Kampfeswillens, daß man am 10./11. Mai auf das Anerbieten des Grafen Albrecht von Mansfeld zu Verhandlungen einging. Albrechts Brief „eine Mischung von Demagogie und Drohung“[84] zu nennen, ist in keiner Weise gerechtfertigt; er war in seinen Forderungen wie in seinem Angebot klar und unmißverständlich. Die kritische Zuspitzung der Situation war nicht mehr zu ignorieren; sie forderte geradezu die Frage heraus, ob es unter den nunmehr gegebenen Umständen nicht geraten sei, sich mit der obrigkeitlichen Gewalt der Fürsten und Herren abzufinden, wenn man erreichen konnte, daß ihrer Willkür Grenzen gesetzt und den eigenen Beschwerden in zufriedenstellender Weise Rechnung getragen würde. Das Schlagwort von der „christlichen Freiheit“, dem man dank der suggestiven Wirkung einer überreizten Massenpsychose mit hochgespannten Erwartungen weithin erlegen war, begann seine faszinierende Kraft zu verlieren, als man sich dem drohenden Angriff eines erbitterten Gegners ausgesetzt sah, dem man militärisch nicht gewachsen war. Mit der Ernüchterung gewann die Einsicht an

Boden, daß man mit der radikalen Übersteigerung der Freiheitsparole den Bogen überspannt hatte, wenn man die völlige Auflösung des bestehenden Ordnungsgefüges zugunsten einer recht nebulösen Bruderschaft „nach dem Worte Gottes" erzwingen wollte. Man hatte sich mehr oder minder unbedenklich hinreißen lassen mitzumachen; aber die Mehrheit auch der aufständischen Bauern dürfte innerlich noch zu sehr dem Obrigkeitssytem verhaftet gewesen sein, als daß dessen totale Beseitigung für sie eine unaufgebbare Forderung gewesen wäre. Sie begehrten gewiß ausnahmslos eine ernsthafte Korrektur der unleidlich gewordenen Mißstände, größere Freiheiten, mehr Rechte und Gerechtigkeit u. s. f.; die Aufhebung jeglicher „Herrschaft" war für die meisten jedoch wahrscheinlich eine Forderung, die bislang gar nicht ernsthaft in ihrem Blickfeld gelegen hatte, der sie sich im Stadium des kaum behinderten „Durchzuges" nicht ausdrücklich widersetzten, auf deren Durchsetzung sie aber keinen so sonderlichen Wert legten, wenn sich durch ihre Preisgabe die Abstellung der übrigen Gravamina erreichen ließ.
Über die Aufnahme des nun seit zwei Wochen schon in Frankenhausen Erwarteten fehlt uns jegliche Nachricht. Sicherlich hat sein Erscheinen den unentwegten Anhängern neuen Auftrieb gegeben und auch sonst bei manchem mutlos Gewordenen wieder größere Zuversicht geweckt. Doch ist ein nicht geringer Prozentsatz ihm zunächst wohl mit zwiespältigen Gefühlen begegnet. Andererseits dürfte Müntzer seinen Unmut kaum unterdrückt haben, als er den ersten Lageberichten entnehmen mußte, daß von einem entschlossenen Kampfeswillen des Haufens nicht sehr viel zu spüren war, man sich vielmehr auf Verhandlungen einzulassen gerade im Begriffe war. Ohne einen Augenblick zu zögern, riß er die Führung an sich. Von Unterhandlungen war keine Rede mehr, und noch am gleichen Tage erhielt nicht nur Graf Albrecht eine eindeutige Absage auf sein Erbieten, sondern auch Graf Ernst in Heldrungen eine geharnischte Aufforderung, sich zu demütigen und von seinem tyrannischen Wüten abzulassen. In beiden Schreiben[85] wurde als der die Position der Aufständischen bestimmende Grundsatz die müntzerische These unmißverständlich fixiert: Das Volk stellt in seiner Übereinstimmung

mit Gottes Willen die Bedingungen künftiger Ordnung, denen sich die Regenten zu unterwerfen haben, wollen sie anders mit Glimpf davonkommen, nicht umgekehrt, wie Müntzer insbesondere gegenüber den von Luthers Geist bestimmten Ausführungen Albrechts hervorhebt. Es war ihm nicht entgangen, daß die Argumentation des Grafen ihren Eindruck auf die Bauern nicht verfehlt hatte, und so waren jetzt seine Fragen an ihn zugleich an die Wankelmütigen im Haufen gestellt. Sie hatten sich in ihrer Kleinmütigkeit nicht vor Augen gehalten, daß sie die Schrift für sich und Gott auf ihrer Seite hatten. Sie waren drauf und dran gewesen, in ihrem Unglauben den unbestimmten Versprechungen eines kleinen Potentaten mehr zu vertrauen als der festen Zusage Gottes. Der Ruf auch an sie war unüberhörbar. Das Schreiben war nicht ein Privatbrief des Predigers; es war ein Mahnruf Gottes, im prophetischen Auftrag durch den Mund Müntzers verkündet. Gott selber meldete sich hier zu Worte. Wie Er in der Notzeit selbstverschuldeter Bedrängnis der Kinder Israels den Gideon berief und ihn mit einem kleinen Häuflein Auserwählter die Übermacht der gottlosen Feinde überwinden ließ, so tut er auch noch heute – Müntzer hält das Schwert Gideons in der Hand.

Das Schreiben an Ernst von Mansfeld ist nach Form und Inhalt wesentlich radikaler gehalten; es gibt keinerlei Bereitschaft zu einer Versöhnung zu erkennen und gehört zu den maßlosesten Äußerungen, die Müntzer je zu Papier gebracht hat. Es ist eine erbitterte Anklage gegen den Grafen als die Verkörperung gottloser Tyrannei und spricht zugleich das schon feststehende erbarmungslose Urteil über ihn als einen notorischen Gottes- und Menschenfeind aus. „Ich, Thomas Muntzer . . .“, das war jetzt in Frankenhausen so wenig wie damals in Allstedt ein eigensinniger, vermessener Prediger. Er wußte sich als der von Gott Erwählte und Berufene, im Auftrage seines Herrn Redende und Handelnde, der unwiderruflich ein letztesmal forderte, Gottes Willen geständig zu sein. „Du hast die christen angefangen zu martern, du hast den heiligen christen glauben eyn buberey geschulten, du hast die christen undirstanden zu vertilgen. Sag an, du elender dorftiger madensack, wer hat dich zu einem fursten des volks gemacht, welichs Got mit seinem theuren bloet erworben hat?" Mit rücksichtsloser Härte werden dem gottlosen Wüterich die schwersten Anklagen ins Gesicht geschleudert und wird ihm jedes Recht bestritten, sich als christliche Obrigkeit über Christen aufzuspielen, sich überhaupt einen Christen zu nennen. Seine Vernichtung wird geradezu ein gottseliges Werk sein. „Wirdestu aussen bleyben und dich aufgelegter sache nicht entledigen, so wil ichs ausschreyen vor aller welt, das alle bruder yr blut getrost sollen wagen wie etwann widder den Turken. Das soltu verfolgit und ausgereutet werden, dann es wirt ein yder vill empsiger sein, die do an dir ablas verdienen, dann vorzeyten der babist gegeben"[86]. Auch dieser Brief trägt die Unterschrift: „Thomas Muntzer mit dem schwert Gedeonis" und sollte offensichtlich zugleich vom Haufen zur Kenntnis genommen werden.

Müntzers selbstbewußtes und entschlossenes Auftreten verfehlte seinen Eindruck im Lager gewiß nicht. Sein vornehmstes Anliegen blieb es, in den Aufständischen den Geist der reinen Furcht Gottes und des unüberwindlichen Glaubens zu wecken, um ihre Kampf- und Einsatzbereitschaft zu stärken. Es gelang ihm wohl auch zunehmend, durch seine ganz und gar von Siegeszuversicht erfüllten Ansprachen, der Müdigkeit und dem Verzagen entgegenzuwirken, zumindest zu erreichen, daß es sich nicht mehr laut zu äußern wagte. Noch einmal tritt uns in diesen Tagen entgegen, wie ein unmittelbares Mit- und Nacherleben des biblischen Geschehens ihm als ein ewiges Zeugnis der unveränderlichen Wirksamkeit des göttlichen Geistes zur verheißungsvollen Bekundung göttlichen Beistandes in der gleichen Situation der Erwählten heute wird und er selbst, der berufene Gottesknecht, sich, wie früher als der neue Daniel, Elias und Johannes, jetzt als der neue Gideon dem gläubigen Volke stärker als nur symbolhaft zu erkennen gibt. Man kann seine Auslassungen nicht ärger mißverstehen, als wenn man sie als die Propaganda eines revolutionären Agitators ansieht, der das Volk mit Durchhalteparolen betören will. Auch wenn man ein demagogisch-agitatorisches Element in seinen Äußerungen nicht leugnen kann, ist und bleibt er doch der „ernste Prediger", der allein den Anspruch und Zuspruch Gottes zu verkünden, voll überzeugt ist. Die

„Predigt“ im spezifischen Sinne des Wortes ist die seinem Berufungsverständnis gemäße Ausdrucksform für das, was er als Gottes Wahrheit und Willen der Welt zu sagen sich verpflichtet weiß, durch das diese Welt in allen ihren Bezügen im Namen und Auftrag Gottes angesprochen wird. In seinen an Freunde wie Gegner gerichteten Appellen hielt er sich bevorzugt an das im Alten Testament ihm gegebene Schema, daß die Feinde Gottes in Angst und Schrecken versetzt und trotz ihrer bedrohlichen Übermacht durch die kleine Schar der von Gott erwählten Frommen auf wunderbare Weise überwältigt werden. Das war das Leitbild, das seinen Blick unbeirrbar auf den menschlicher Einsicht noch verborgenen guten Ausgang des Geschehens gerichtet sein ließ. Freilich, so entscheidend für ihn der feste Glaube an Gottes Zusage war, so selbstverständlich verband sich ihm damit die Erkenntnis, daß Gott nur durch sein Volk handeln will, das sich im Einsatz für Gottes Werk zu bewähren hat. Gott erspart ihm den Kampf als Bewährungsprobe nicht, vielmehr muß es das von Gott bereits gefällte Urteil erst noch vollstrecken, auch gegen einen noch so starken Widerstand bzw. Widerstandsversuch der Verurteilten. Müntzer rechnet durchaus mit der Gegenwehr als einem realen Faktor und will den Kampf keineswegs um seinen Ernst gebracht sehen. Er verliert für den Gläubigen zwar den Charakter eines Wagnisses der Sache, aber er verliert für ihn nichts von dem Ernst wagenden Einsatzes seiner selbst.

Ein alle verbalen Expektorationen noch weit überbietender Ausdruck des mit Müntzers Einzug im Lager die Oberhand gewinnenden rigorosen Geistes war die am Tage nach seiner Ankunft erfolgte Hinrichtung der „Diener“ Ernsts von Mansfeld, die sich schon seit dem 5. Mai in der Gewalt der Aufständischen befanden. Müntzer selbst war, daran ist kein Zweifel, an dem, was am 13. Mai „vorm tore ufm platze“ vor sich ging, in voller Bewußtheit seines Tuns aktiv beteiligt und mitverantwortlich, aber nicht als Funktionär einer „Volksjustiz“, sondern als Vollstrecker des Gottesgerichtes. Seine Antwort auf die unmittelbar nach seiner Gefangennahme von Herzog Georg an ihn gestellte Frage, warum er die Männer habe „köpfen“ lassen, bekundet die noch ungebrochene Überzeugtheit des Gottesknechtes, wenn er erklärte: „Lieber bruder, ich sage E. L., daß ich solches nicht getan, sondern das göttliche recht“[87]. Es war ihm hier also gar nicht um das aus eigener Initiative hervorgehende und im eigenen Urteilsvermögen begründete Handeln eines menschlichen Subjektes gegangen, sondern um ein von Gott aufgetragenes, von den Gotthörigen nicht nach eigener Vernunft einzuschränkendes oder gar zu verweigerndes Vollziehen-müssen des göttlichen Rechtes. Es hatte sich im Spruche der Gemeinde kundgegeben; er, der Gottesknecht, war gleichsam nur das Sprachrohr, das Gottes Urteil lautbar werden ließ. – Es mag sein, daß er dennoch unbewußt die Wirkung seines Verhaltens auf den Haufen mit im Blick hatte; aber dann nicht, um trotz besserer Einsicht aus Menschenfurcht vor ihm zurückzuweichen, sondern im Gegenteil um die noch recht labile Menge zu einer entschiedenen Haltung zu bewegen, d. h. ihr durch den Akt harter Unnachgiebigkeit gegen die Diener des Tyrannen den unnachgiebigen Willen Gottes zur Bestrafung und Beseitigung der gewalttätigen, gottlosen Regenten und ihrer Helfershelfer zu bekunden. Nicht als sei ihm das Bluturteil nur Mittel zum Zweck gewesen; es war eine im geistgewirkten Handeln des gotthörigen Volkes sich vollziehende Manifestation des göttlichen Rechtes. Gott selbst forderte und sprach hier sein Recht als Hinweis gleichsam auf das bevorstehende Strafgericht, welches das von ihm mit der Durchführung beauftragte Volk an den gottlosen Tyrannen vollziehen soll. Wie man das Bluturteil im Haufen aufnahm, bleibt eine offene Frage[88]. Die von draußen kommenden ungünstigen Nachrichten drängten sich vermutlich in den Vordergrund; denn sie ließen ein rechtzeitiges Eintreffen von Hilfstruppen und Kriegsmaterial nicht mehr erwarten, statt dessen kaum noch einen Zweifel daran, daß sich die gegnerischen Operationen auf Frankenhausen konzentrierten. Bereits in der Nacht zum Sonntag (14. 5.) wurde das Lager in Alarmbereitschaft gesetzt.

„Uf sontag Cantate ganz fruhe“ kam es zur ersten Feindberührung. Ein Scharmützel mit einem vorausgeschickten Erkundungstrupp des hessisch-braunschweigischen Heeres, das im Eilmarsch von Salza her anrückte, als einen Sieg zu feiern, bestand kein Grund. Man mochte erleichtert sein, daß ein Großangriff, mit dem man am Morgen allem Anscheine nach gerechnet hatte, nicht erfolgt war. Müntzer nutzte natürlich die Gelegenheit zu einem erneuten Appell an seine Hörer, die Zuversicht allein und unbeirrt auf Gottes Beistand zu setzen, der der tyrannischen Obrigkeit die Gewalt schon genommen habe, und ihr nicht nachzugeben, wenn sie, von Gott geschlagen, unter trügerischen Versprechungen um Frieden bittet. Das ist jetzt die eigentliche, wirkliche Gefahr, gar nicht so sehr der Kampf! Geschickt nutzte er als göttliche „Bestätigung" seiner Worte aus, daß zur gleichen Zeit „allwegen ain regenbogen am himel umb die sonen gesehen worden", um die Erscheinungen am Himmel mit dem Regenbogen im Fähnlein der Bauern in einen bedeutungsvollen Zusammenhang zu bringen: Es war „das zeichen, das es got mit inen haben wolt". Es wäre nicht verwunderlich, wenn es ihm an diesem Tage gelungen wäre, die Hoffnung auf einen guten Ausgang des Unternehmens zu beleben, obschon mancher seine Reden nunmehr anders bewerten mochte als ein bis zwei Wochen zuvor, als man erlebte, wie Grafen und Herren sich den Forderungen der Aufständischen gefügt hatten.

Die am Montagmorgen (15. 5.) von den Bauern bezogene Stellung auf dem Hausberg bot ihnen zunächst offenkundige Vorteile für eine Verteidigung, gab ihnen jedoch zugleich einen freien Einblick in den Aufmarsch und die Vereinigung der vom Westen und Südosten heranziehenden feindlichen Truppen, so daß sie das ganze Aufgebot der Fürsten vor sich sahen und verfolgen konnten, wie sich die Zange um sie schloß. Das blieb kaum ohne Rückwirkung auf die Stimmung des Haufens, in dem die Mehrheit nicht ernsthaft mit einem blutigen Zusammenstoß gerechnet haben dürfte und in dem nun doch das Verlangen nach dem Versuch einer friedlichen Lösung unüberhörbar wurde. Müntzer empfand angesichts der unerwarteten Situation vielleicht selber die Nötigung zu einem solchen Schritt. Freilich sah er eine Möglichkeit nur in einem demonstrativen Akt, den er selbst als eine letzte im Namen und Auftrage Gottes gestellte Aufforderung an die Fürsten verstand, sich dem göttlichen Willen endlich zu beugen, und der zugleich doch dem Begehren der glaubensschwachen Bauern Rechnung trug, auf einen friedlichen Ausgang ihres Unternehmens bei den Fürsten hinzuwirken. Das war in seinen Augen kein trügerisches Manöver nur, sondern eine durchaus ernstgemeinte Aktion, zu der er sich in dem gerade in diesen Tagen so stark betonten Glauben, daß bei Gott kein Ding unmöglich sei, ehrlich befreit finden konnte. Aus dieser Haltung heraus will die kurze bündige Erklärung nach ihrem Tenor begriffen werden, die am frühen Morgen des 15. Mai aus dem Lager der Aufständischen an die Fürsten geschickt wurde: „Wir bekennen Jesum Christum. Wir sind nicht hie, yemant was zu thon, Joannis am andern, sondern von wegen götlicher gerechtikeit zu erhalten. Wir sind ouch nit hie von wegen blut vergiessung. Wolt ir das ouch thon, so wöllen wir euch nichtzit thon. Darnach hab sich ein yeder zu halten“[89]. Man muß 1. Johannes 2 vom ersten bis zum letzten Verse lesen und Müntzer dabei als Dolmetsch mithören, um den Appell recht zu verstehen. Sehr bewußt steht das gewichtige „wir bekennen Jesum Christum“ am Eingang. Das ist das Fundament, auf dem die Bauern stehen, die Norm, die ihr Verhalten bestimmt, der Grund, der sie zum Handeln treibt, gerade hier und heute („Kinder, es ist die letzte Stunde“, V. 18)! Sie sind nicht Menschen zuliebe oder zuleide in Bewegung, „sondern von wegen götlicher gerechtikeit zu erhalten“. Das heißt, sie sind ausgezogen, um der Gottes Willen und Gebot entsprechenden Gerechtigkeit hier unter den Menschen Geltung zu verschaffen und bleibende Gültigkeit zu sichern, aber nicht um blutige Gewalt zu üben. Unausgesprochen steht hinter jedem der Sätze ein anklagendes „Und ihr?“, als dessen Sinn der Vorwurf unchristlichen Verhaltens dem biblischen Texte unschwer zu entnehmen war. Der Schlußsatz, „darnach hab sich ein yeder zu halten“, besagte also: Wollt ihr Christen sein, dann bekennt euch zu der göttlichen Gerechtigkeit, für die wir uns um unseres Bekenntnisses zu Christus willen einsetzen und laßt es nicht zu einem Blutvergießen kommen. Kein Wort von Verhandlungen, kein Gedanke an eine Kapitulation, nur die Erklärung eines Gewaltverzichtes, wenn sich die andere Seite zu dem gleichen christlichen Verhalten schlechthin bereit findet. Niemand anders als Müntzer hat das Schreiben formuliert; es ist unwesentlich, ob es allein seiner

Initiative entsprang, oder ob er dem Drängen nach einer „Friedensaktion“ nachgekommen ist. In beiden Fällen kam für ihn nur eine letzte, im Ausdruck nicht so provozierende Mahnung an die Fürsten zur Einkehr und Umkehr in Betracht. Er zeigte seinerseits keine Bereitschaft zu irgendwelchem Entgegenkommen in der Sache, und somit war klar, was nach seiner Meinung nunmehr zu geschehen habe, nämlich, daß die Fürsten die ihnen nahegelegte Konsequenz zogen und das Feld räumten.

Philipp von Hessen hat die Intention des kurzen Schreibens richtig erfaßt. Für ihn wie die übrigen Fürsten war das Ansinnen, auf die Ideen Müntzers einzugehen und klein beizugeben, überhaupt nicht diskutabel. Dem entsprach ihre Antwort. Man forderte nach einer scharfen Kritik ihrer vorgeblichen Christlichkeit die bedingungslose Kapitulation, vor allem die Auslieferung Müntzers und seines Anhanges und stellte „nach gelegenheit der sachen“ großzügige Milde für die Mitläufer in Aussicht. „Begern des euer eylent antwort“. Es kam daraufhin zu einer Treuekundgebung für den Prediger („Wir wöllen dot vn lebend bei einand bleiben“), bei der es offen bleiben muß, ob er selber sie herausgefordert hat und wieweit sie nur das Votum seiner sich lautstark durchsetzenden radikalen Parteigänger, zumal seines ebenfalls von der Auslieferung bedrohten Anhanges darstellt. Die Fürsten bestanden jedoch bei der Entgegennahme der anscheinend durch Kaspar von Rüxleben nur mündlich überbrachten Antwort auf ihrem Auslieferungsverlangen und setzten damit die allgemeine Kampfbereitschaft der Bauern einer neuen Belastungsprobe aus.

Müntzer hat der Entmutigung entgegenzuwirken versucht, nicht etwa in dem Bewußtsein, daß er die Schuld an diesem Dilemma trage oder weil er um sein Leben gebangt hätte; derartige Anwandlungen sind ihm wohl am wenigsten in diesem Augenblick gekommen. Er war bis in den letzten Winkel seines Herzens hinein von der Gewißheit des göttlichen Beistandes erfüllt und von dem Siege der Erwählten über die Widersacher felsenfest überzeugt. Er konnte gar nicht anders handeln, als es dem Gottesknecht aufgegeben war. Unermüdlich beschwor er in diesen Stunden in enthusiastischer Steigerung

seiner Rede den Geist der Stärke und der Kraft Gottes, riß er seine überzeugten Anhänger mit sich fort, beeindruckte er die von Furcht und Hoffnung hin- und hergerissenen, schwankenden Bauern. Jetzt mag er auch, den Sieg schon vorwegnehmend, mit deutlichem Bezug auf den von Gott seinem Volke vor Jericho geleisteten Beistand die bevorstehende Eroberung und Zerstörung Heldrungens angekündigt haben[90]. Selbst in der vielkolportierten Erzählung, daß er gesagt habe, „er wolt alle pfeil vnd geschoß des widerteils in sein ermel vff fahen / vnd den vienden wider zu rück in ir gezelt treiben“[91], steckt wohl ein Wahrheitskern. Was er aber auch im einzelnen gesagt haben mag, er bewegte sich mit seinen Deklarationen auf einer Ebene, auf der er von kritischen Einwänden überhaupt nicht erreichbar war. Nur wenige seiner Hörer konnten wohl ihren aufkeimenden Zweifel und ihr Mißtrauen ihm gegenüber ungebrochen aufrecht erhalten. Dieser Mann zweifelte weder an Gottes Willen, jetzt endlich die Welt zum Besseren zu verändern, noch an seinem Vermögen dazu. Bei Gott ist kein Ding unmöglich, ob es gleich aller menschlichen Vernunft widerspricht. Das hat er vor Zeiten an seinem Volke genugsam erwiesen, nicht zuletzt durch sein Eingreifen in den normalen Ablauf natürlicher Vorgänge; das kann und wird er ebenso heute und morgen für seine Erwählten tun, wenn er es für notwendig hält. Müntzer fragt nicht nach Zeichen und Wunder, um zu glauben; er ist im Glauben gewiß, daß Gott Wunder tut. Er fordert keinen Mirakelglauben im Stile der damals die frommen Gemüter faszinierenden, kirchlich sanktionierten Frömmigkeitspflege. Gott bestätigt vielmehr in seinem rational nicht zu begreifenden Tun von sich selbst aus seinen Anspruch, seinen Willen und sein Vermögen, der alleinige, absolute Herr zu sein. Wer im ganzen Haufen wollte schon solchem eindringlichen Appell an den „unüberwindlichen Christenglauben“ widersprechen?
Sofern sich die Bauern tiefere Gedanken über den Sinn und Zweck ihres Unternehmens machten, stimmten sie den reformatorisch-reformerischen Ideen Müntzers zu. Eine in sachlichen grundsätzlichen Erwägungen gründende Opposition gab es nicht, und die trotz allen Kirchenschändungen und sakrilegischen Freveln dem wunderhaft Übersinnlichen offene

religiöse Mentalität war auch der Gestalt dieses Predigers gegenüber zumindest nicht ganz frei von einer gewissen Befangenheit. Was im Munde eines „gewöhnlichen Menschen" vielleicht nur als phantastische Übertreibung gegolten hätte oder nicht ganz ernst genommen wäre, erhielt in der Rede des vom Geiste Gottes erfüllten Mannes eine bezwingende Kraft. Der Dämonie seines „begeisteten Wortes" konnte sich schwer entziehen, wer sich erst einmal von der sehnenden Erwartung eines nach Gottes Willen geordneten, Freiheit und Gerechtigkeit des Menschen verbürgenden christlichen Gemeinwesens hatte erfüllen lassen. Und dennoch: Zu der gleichen Zeit, da Müntzer so siegessicher zum Durchhalten rief, konnte man die Bewegungen der gegnerischen Truppen verfolgen und sah man sie ihre Geschütze in Stellung bringen. Der Angriff der Fürsten konnte nicht lange mehr auf sich warten lassen. Es war nicht so, wie Müntzer es wiederholt vorausgesagt hatte, daß sie mutlos und verzagt sein und um Frieden betteln würden. Noch waren sie es, die unnachgiebig harte Bedingungen stellten und – allein an der Person des Predigers sollte es womöglich scheitern, daß ein großes Blutvergießen vermieden wurde? Die Angst um Leib und Leben, der allzu menschliche Selbsterhaltungstrieb wehrte sich gegen diese Entscheidung. Aber wer wagte es, sich Mangel an „wahrem Glauben" und „rechter Gottesfurcht" vorwerfen zu lassen, wer als Verräter der Sache Gottes und seines Volkes gebrandmarkt zu werden? Wer wagte sich, insbesondere nach jener Treuekundgebung, an Müntzer selbst heran?

Auf diesem Hintergrunde ist es seltsam genug, daß noch von einer dritten Gesandtschaft der Bauern berichtet wird, und zwar eben in Verbindung mit der Tatsache, daß sie sich von allen Seiten eingeschlossen sahen und den Angriff erwarteten. „Da seint graff wolff von Stolberg sampt etlichen Edeln von den bawern / zu den fürsten kumen" und haben erklärt, „daz die bauern den müntzer in keiner weg übergeben wolten / er würd dan zu vorn überwunden"[92]. Es war m. E. ein Erbieten des Predigers selber, der sich herausgefordert sah, in letzter Stunde, bevor es noch zu einem Blutvergießen gekommen war, die Fürsten durch Gottes Wort zu überwinden, sie ihres unchristlichen Wesens und Vorhabens zu überführen und sie

zu warnen, durch ihre Verstocktheit Gottes Zorn über sich heraufzubeschwören. Er war überzeugt, aus einer Disputation als Sieger hervorzugehen, allerdings vorausgesetzt, daß er, wie er es schon in der Auseinandersetzung mit Luther ständig gefordert hatte, seine Anhänger als kompetente und „stimmberechtigte" Teilnehmer mitbringen konnte. Darauf dürfte jedenfalls die Antwort der Fürsten deuten, „daz sie sich in kein disputation mit inen oder müntzer begeben wolten". Es handelte sich bei der Mission des Stolberger Grafen nicht um ein mehr oder minder aufgabebereites „gnad begeren", vielmehr um einen letzten Vorstoß, den Fürsten im mündlichen Austausch der beiderseitigen Argumente die von den Bauern vertretene Sache unwiderlegbar als im Einklang mit Gottes Willen stehend zu erweisen. Müntzer stand unerschüttert zu seinem Auftrag und blieb unnachgiebig. Die durch Hans von Werther überbrachte Ablehnung auch dieses Ansinnens durch die Fürsten bedeutete das Ende der „Verhandlungen".
Zu einer Schlacht ist es nicht mehr gekommen, sondern zu einem mörderischen Gemetzel, als in der Wagenburg auf dem Berge nach den ersten Treffern der gegnerischen Artillerie eine Panik ausbrach und die Bauern ihr Heil in wilder Flucht suchten, von „dem reisigen zeug und fueßvolk" verfolgt und niedergemacht. Nur wenige entkamen noch in die Stadt. Als Grund für den völligen militärischen Zusammenbruch gaben die Besiegten alsbald den „hinterhältigen Verrat der Fürsten" an. Aber die Legende vom Vertragsbruch und heimtückischen Überfall der Fürsten sollte endlich als ein verstaubtes Requisit der Polemik abgetan sein und nicht mehr oder minder modifiziert aus ideologischen Gründen künstlich am Leben erhalten werden. Die Verantwortung der Bauernführer, auch und besonders Müntzers, für das tragische Fiasko des Thüringer Haufens bei Frankenhausen kann dagegen nicht bagatellisiert werden[93].

16. „. . . ALLEYNE ANGESEHEN EYGEN NUTZ, DER ZUM UNDERGANG GOTTLICHER WARHEYT GELANGET . . .“

Auch Müntzer war die Flucht in die Stadt gelungen; aber der Versuch, sich der Gefangennahme zu entziehen, schlug fehl. Er wurde entdeckt und sofort den Fürsten vorgeführt, die, erleichtert durch den fast kampflos errungenen Sieg, in ungezwungener Form dem offenbaren Initiator dieses Aufruhrs einige Fragen stellten. Es kam dabei sogar zu einem Disput über die Berechtigung des Aufstandes gegen die Obrigkeit, die Müntzer aus dem Alten Testament zu begründen, der junge Landgraf aus dem Neuen Testament zu bestreiten suchte. Der Prediger zeigte sich ungebrochen, trat selbstbewußt auf und blieb dabei, „er het recht gethon / das er furgehabt het die Fursten zu straffen / die weil sie dem Euangelio wider weren“. Es war ein harmloses Vorspiel zu dem inquisitorischen Verhör, dem der Gefangene am nächsten Tage in Heldrungen erst „in der gute“, dann unter Anwendung der Folter („peynlich bekant“) unterzogen wurde.

Soweit das Protokoll einen Schluß zuläßt, bohrte man zunächst nicht sehr tief und ließ sich im Grunde nur bestätigen oder ergänzend berichten, was man bereits wußte sowohl über äußere Fakten wie über Motive und Tendenzen. Müntzer hat, so scheint es, seine Aussagen ruhig und freimütig gemacht; die Szenerie war ernüchternd genug, emotionale Deklamationen zu unterbinden. Er konnte sich nicht verhehlen, daß er lediglich als ein ketzerischer Aufrührer Rede und Antwort stehen sollte, dessen ernsthaftes evangelisches Anliegen und christlicher Gehorsam gegenüber Gottes Willen, so wie er beides verstand, für seine Inquisitoren nur die satanische Maskierung eines frevelhaften Beginnens bedeutete. Trotzdem hat er, wie selbst die zur Veröffentlichung bestimmte Niederschrift noch erkennen läßt, nicht unterlassen zu betonen, daß sich seine Auflehnung gegen alle die gerichtet habe, die das

Evangelium verfolgten. Dann aber suchte man ihn durch die Folter zu dem Geständnis eines allgemeinen, mit verbrecherischer Gewaltsamkeit durchgeführten Umsturzversuches zu nötigen. Man wollte im Grunde zum einen nur die eigenen Vorstellungen von der Gemeingefährlichkeit dieser Aufrührer bestätigt sehen, die vor Raub, Mord und Totschlag nicht zurückschreckten, um Macht und Besitz in ihre Hand zu bringen; zum andern wollte man den „Bund" als eine weitverzweigte und organisierte Bande entlarven, ihren Ursprung und Aufbau, ihre Zentren, Führer und Sympathisanten ermitteln, nicht zuletzt ihrer konspirativen Tätigkeit, ihren konkret schon geplanten Aktionen und möglichen Verbündnissen auf die Spur kommen. Die Veröffentlichung des „Bekenntnisses" sollte – gleichsam nach Art eines modernen Schauprozesses hinter verschlossenen Türen – den Hauptverantwortlichen bekunden lassen, wie weitschichtig und untergründig die gegenwärtige Ordnung in ihren Fundamenten bereits bedroht und erschüttert war.

Es ist letztlich ohne Belang, ob Müntzer unter dem unausweichlichen Zwange der Fragestellung seine Antworten selbst wörtlich so formuliert, bzw. ihm vorgehaltene Formulierungen irgendwie bestätigt hat, oder ob der Schreiber das „Geständnis" jeweils in dem jetzt vorliegenden Wortlaut zusammenfaßte: Das Ergebnis des peinlichen Verhörs waren Antworten, die der Meinung der Inquisitoren über die Zielsetzung des müntzerischen Vorhabens entsprachen und dieses Vorhaben als eine fortlaufende Kette von ihm persönlich als einem Aufrührer und Mordpropheten in ketzerischer Besessenheit ausgedachter und versuchter Umsturzaktionen verstanden. Keinesfalls ist das „Bekenntnis" als das Eingeständnis einer verbrecherischen Schuld im Sinne seiner Ankläger und Richter noch auch unbedenklich als eine absolut zuverlässige Geschichtsquelle anzusehen. Luther empfand richtig, daß hier etwas nicht in Ordnung war: „Man hat dem Thomas Müntzer nicht recht interrogatoria geben"[94].

Das echte Bekenntnis Müntzers und wohl das stärkste Zeugnis seines unüberwindlichen Christenglaubens enthält sein am Tage nach dem Verhör diktierter Brief an die Mühlhäuser[95]. „Heyl und seligkeyt durch angst, todt und helle zuvorn, lieben bruder", so hebt er an. Das Grußwort ist der Widerschein der in den beiden letzten Tagen durchlittenen Passion. Er hat Angst gehabt, wie sie nur ein Mensch vor einem unabwendbar bitteren Geschick haben kann. Er hat das Grauen des Todes geschmeckt. Er hat in der Hölle gelebt, der Hölle der Gottesferne und der Gottverlassenheit – bis der Herr sich ihm als sein Herr zu erkennen gab, ihm nun nahe ist und durch Angst, Tod und Hölle hindurch Heil und Seligkeit schenkt. Er sieht in dem, was ihm widerfahren ist und noch widerfahren wird, Gottes Willen wirksam. „Nachdem es Got also wolgefelt, das ich von hinnen scheyden werde in wahrhaftiger erkenthnis gottlichs namens und erstattung etzlicher mißbreuch vom volk angenomen, mich nicht recht vorstanden, alleyne angesehen eygen nutz, der zum undergang gottlicher warheyt gelanget, bin ichs auch herzlich zufriden, das es Got also vorfuget hatt, mit allen seynen volzogen werken, welche mussen nach dem eusserlichen ansehen nit, sondern in warheyt geurteylt werden, Johan. am sibenden". Der Satz wird nur recht verständlich, wenn man dahinter noch das große fragende *Warum* wahrnimmt, das durch das Geschehen um ihn und mit ihm in Müntzer wachgerufen worden war. Der Übergang von der festen Überzeugung, Gott ist mit uns, zu der eindeutigen Feststellung, Gott war gegen uns, war zu jäh, als daß er nicht Gott hätte zur Rede stellen müssen. Über solchem Warum war Gott ihm ins Dunkel entglitten. Nun er ihn wiedererkannt hat, erkennt er ihn auch als den, der im Recht ist. Denn das Volk, so sieht er es jetzt, hat nicht den Herrn und dessen Recht, sondern sich selbst und seinen Eigennutz gesucht. Gott aber hat auch ihn dahingegeben, und der von Ihm dem Tode Überantwortete hat Ihn eben darin als seinen Herrn erkannt und dadurch anerkannt, daß er seine Gottesknechtschaft vollendet, indem er für die Mißbräuche des Volkes sühnt. Bis zu solchem Grade der Angleichung an das Leben und Geschick Jesu Christi steigert sich Müntzers „Christusförmigwerden", daß er seinen Tod als eine „erstattung" versteht, als eine Art Kompensation für das schuldhafte Verhalten des Volkes, das, statt sich selbstlos für die Erfüllung des göttlichen Willens einzusetzen, wie es zu tun vorgab, nur auf seinen eigenen Vorteil bedacht war. Er erhebt keine laute

Anklage. Doch Gott hat das Urteil gesprochen, und so durfte er dem Volke nicht verschweigen, daß es sein Unglück selbst verschuldet hat. Gott war im Recht, und niemand sollte mit ihm rechten wollen. Gottes Strafgericht über die Bauern bei Frankenhausen besagt keineswegs, daß Er auf der Seite der Fürsten steht und ihre Herrschaft für alle Zeit unangetastet wissen will. Sie sind und bleiben ihm unleidlich, wenn sie sich nicht von Grund auf ändern und wirklich ihn allein als den Herrn anerkennen. Nur hat das „Volk" jetzt gezeigt, daß es auch ihm in Wirklichkeit so wenig wie den Fürsten um Gottes Herrschaft in der Welt zu tun war und es nicht weniger als jene auf seinen Eigennutz bedacht ist.

Er selbst fügt sich willig in Gottes Wissen um den wahren Sachverhalt und die von ihm daraus gezogenen Konsequenzen: „. . . bin ichs auch herzlich zufriden, das es Got also vorfuget hat, mit allen seynen volzogen werken". Das bedeutet keine resignierende Ergebung in ein unverstandenes Geschick, sondern das Eingehen auf Gottes unerwartete, aber unanfechtbare und – in ihrer Absicht ernstlich zu bedenkende Entscheidung. Auch sein schmähliches Sterben gehört mit dahinein. Er bezieht sich ganz und gar in das Strafverhängnis der Aufständischen mit ein, ohne sich damit als schuldig im Sinne der von den Fürsten gegen ihn erhobenen Anklage zu bekennen; er distanziert sich nicht als „Mißverstandener" von den „Schuldiggewordenen", sondern steht in voller Solidarität mit ihnen, dennoch im Wissen um seine Gottesknechtschaft als ein Besonderer, dessen schmachvoller Tod auch in besonderer Weise den Guten wie den Unverständigen zur rechten Einsicht verhelfen soll.

Seine Sorge ist jetzt nur, daß man in Mühlhausen – und dabei denkt er vornehmlich wohl an Pfeiffer und seinen Anhang – nicht bereit sein könnte, die Konsequenzen aus dem Geschehen bei Frankenhausen zu ziehen, das „ane zweyfel entsprossen, das eyn yder seyn eygen nutz mehr gesucht dan dye rechtfertigung der christenheyt". Diese Mahnung ist ihm so wichtig, daß er sie durch die Erinnerung an seine früher oft wiederholten Warnungen noch unterstreichen zu müssen glaubt: „Ich habe euch oftmals gewarnet, das dye straffe Gottes nit vormiden kann werden, durch dye oberkeyt vorgenomen, es sey dan, das man erkenne den schaden. Welcher alzeyt erkennet den schaden [, dye straffe] meyden kan". Wer das einmal begriffen hat und sich zu Herzen nimmt, kann Gottes Strafe vermeiden, wenn er ihn in seinem Tun und Lassen ernstlich als seinen alleinigen Herrn anerkennt. Jeder Eigennutz bedeutet als Hinkehr zu sich selbst immer eine Abkehr von Gott, Mißachtung seines absoluten Herrschaftsanspruches. Überraschend und doch recht aufschlußreich klingt das Schreiben aus: „Helft yhe rathen mit vleyß meynem weybe und zum letzten fliget das blutvorgissen, dorvor ich euch itzt treulich warnen wyl. Dan ich weyß, das euer der mehrer theyl in Molhausen dysser uffrurischen und eygennutzigen emporung nihe anhengig gewest, sondern das allewege gerne gewerth und vorkomen. Dormit ir dyeselbigen unschuldigen nicht auch in beschwerung, als etzlichen zu Frangkenhaußen gescheen, komen dorfet, so wolt euch yhe der vorsammlung und emporung nhun nit anhengig machen und umb gnade bey den fursten, dye ich vorhoff ir des furstlichen gemuths finden werdet, euch gnade zu erzeygen, ansuchen. Das wil ich itzt in meynem abschied, dormit ich dye burde und last von meyner sele abwende, vormeldt haben, keyner emporung weyter stadt geben, dormit des unschuldigen bluts nit weyter vergossen werde".

Der kritische Punkt in den Überlegungen Müntzers mußte sein ausgeprägtes Selbstverständnis als des von Gott in besonderer Weise in seinen Dienst genommenen Knechtes sein, der sich in absoluter Hörigkeit für die volle Verwirklichung des Gotteswillens in der Christenheit, für die Erneuerung der von Gott vorherbestimmten Kirche Jesu von Nazareth einzusetzen hatte. In der Wahrnehmung dieses Auftrages hatte er sich bis hin zur Propagierung und Durchführung des offenen Aufstandes gegen die gottlosen Tyrannen in leidenschaftlicher Hingabe bewährt und – Gott hatte ihn im Stich gelassen, ihn Seinen, Gottes, Feinden in die Hände gegeben, seinem Wirken ein abruptes, schmachvolles Ende bereitet. Es war für ihn eine starke Anfechtung gewesen; im Kerker scheint ihm – vielleicht zum ersten und einzigen Male – die Frage nach dem Warum ernsthaft umgetrieben zu haben. Er wich nicht ins Periphere aus: Gott ist hier sehr ernsthaft mit im Spiele, und nach dem bitteren Erleben von „Angst, Tod und Hölle" ist er Gottes so gewiß wie je zuvor, erkennt und anerkennt er Gottes gerechtes Urteil, das die „Sieger" keineswegs als eine Bestätigung ihres vermeintlichen Rechtes ansehen dürfen. Es geht hier gar nicht um das Recht der Obrigkeit, vielmehr um das offenbare Unrecht des Volkes, das in der ihm von Gott geschenkten Stunde der Bewährung versagt hat wie all die anderen Menschen und Mächte auch, mit deren Hilfe er zuvor einmal gerechnet hatte, aus demselben Grunde versagt wie sie, aus „eygen nutz, der zum undergang gottlicher warheyt gelanget". Müntzer distanziert sich bewußt von allem gottfremden Geist eines von Menschen um ihrer selbst willen unternommenen Aufruhrs und übt damit eine ernste Kritik an den Motiven und dem Verhalten der Bauern im Aufstand, die ernsteste Kritik, die Müntzer überhaupt aussprechen konnte. Der einzige, der hier im Rechte bleibt, ist Gott! Das jedenfalls dürfte aus dieser, seiner letzten Stellungnahme hervorgehen, daß der „Revolutionär" im Namen und Auftrage Gottes weder ein „Bauernführer" noch ein „sozialer Agitator" war, daß es ihm primär nicht auf Menschenrechte und sozialen Fortschritt ankam, sondern auf Gottes Gesetz und eine im Glauben und Leben gotthörige, geistesmächtige Christenheit, die dann im Gehorsam gegen Gottes Willen auch den Dingen dieser Welt die rechte Gestalt und Ordnung geben muß.

Müntzer hat noch reichlich eine Woche im Kerker von Heldrungen gelegen, bis er in das Lager der Fürsten bei Mühlhausen überführt wurde. Schon in diesen Tagen liefen mancherlei Gerüchte um, die von seiner Rückkehr zum alten Glauben wissen wollten. Es gab sogar einen „Widerruf"[96], der das gleiche Datum trug wie der Brief an die Mühlhäuser, d. h. eine angebliche Erklärung Müntzers, in der er vor sechs Grafen und Herren „ungenotiget und wolbedacht seynem eygen guten gewissen, horen lassen und gebeten, inen [= ihn] derselben zu erinnern, ab sye ime villeycht entpfallen mochten, domit er sye idermennigklichen vor seynem ende furzutragen und durch seyn selbest mund anzusagen habe". Die Analyse beider zeitlich so dicht beieinander liegenden Schriftstücke liefert zwar keinen exakten Beweis dafür, daß der „Widerruf" ein von altgläubiger Seite in Heldrungen ausgedachtes und gefertigtes Machwerk ist, macht das jedoch aufgrund des formalen Zusammenhanges wie der inhaltlichen Unvereinbarkeit in hohem Grade wahrscheinlich. Selbst im katholischen Lager wird von dem Elaborat kein Gebrauch gemacht; auch keiner der sich mit Müntzer befassenden Autoren des 16. Jahrhunderts erwähnt es. Erst J. K. Seidemann bringt es in seiner 1842 erschienenen Müntzerbiographie durch den Druck zur Kenntnis.

Häufiger begegnet der Hinweis auf den Sakramentsempfang unter einer Gestalt als einer eindeutigen Manifestation seiner Konversion, so schon in einem Briefe Johann Rühls an Luther vom 21. Mai, besonders betont in dem Mitte Juni von Herzog Georg an den Rat von Nürnberg gerichteten Schreiben: „es hat och der almechtig got sein gnade vorlien, das der montczer sein irthum bkant und fast raw entpfangen, das her ein sulch blut vorgissen gstifft vnd sunderlich das her vom ghorssam der kristlichen kirchen gfaln; hat sich lossen absolfirn vnd alleyn der eynikeit kristlicher kirchen begert vnd dor vmb och das heylig hochwirdig sacrament in eyner gstalt des brots entpfangen“.

Solchen recht dubiosen Quellen entstammenden Angaben widerspricht sehr bestimmt das ungewöhnliche Zeugnis (egregium testimonium), das Philipp von Hessen gelegentlich des Marburger Religionsgespräches bei einer Abendunterhaltung am 29. September 1529 Müntzer ausgestellt hat[98]. Wohl liegt es viereinhalb Jahre nach den Ereignissen, doch hat die Haltung des Predigers nach der Katastrophe bis zum Tode auf den damals Zwanzigjährigen offensichtlich einen starken und nachhaltigen Eindruck gemacht, die ihn in die auf reformatorischer wie altgläubiger Seite üblich gewordene Verteufelung und Schmähung dieses Mannes nicht einstimmen ließ, so erbittert er den „Aufrührer“ bekämpft hatte. Solch ein Ende wünsche er sich auch einmal; denn Müntzer habe sich wegen seiner Sünden ganz zerknirscht Gott ergeben. Darüber hinaus hat sich Philipp entschieden gegen die unzutreffenden Berichte von einem Widerruf gewandt und unter Berufung auf eine Aussage des katholischen Herzogs Heinrich von Braunschweig darauf hingewiesen, daß Müntzer nicht widerrufen habe (non recantasse); er habe lediglich Irrtümer zugegeben und Gott um Barmherzigkeit gebeten. Der Landgraf unterscheidet bewußter, als es sich in allen übrigen Berichten zu erkennen gibt, zwischen „peccata“ und „errata“ und dürfte auch darin glaubwürdiger sein.

Freilich, eine sichere Kenntnis über Müntzers Verhalten nach dem Verhör ist aus den Quellen nicht zu gewinnen. Je dürftiger die Auskünfte waren, die man an Ort und Stelle zu erhaschen suchte, desto größer war die Neigung, das Gehörte nach eigenem Gutdünken bewußt oder unbewußt wieder- und weiterzugeben. Denn es dürften nur wenige gewesen sein, die Ohrenzeugen dessen waren, was dem zum Tode Geführten noch zu sagen zugestanden oder was er zu sagen willens war. Unter solchem Vorbehalt darf auch die auf dem Richtplatz vorgebrachte Bitte Müntzers an die Fürsten erwähnt werden, sie „wolten den armen leuten nicht also hart sein / so durfften sie solcher far nicht furter warten / vnd sagt / sie solten Libros Regum lesen“[99].

Am Sonnabend nach Himmelfahrt (27. Mai) wurden Müntzer und Pfeiffer im Lager der Fürsten mit dem Schwerte hingerichtet; ihre Leiber und Köpfe wurden aufgespießt und „vor molhaussen ins felt gstegkt“; „Münzer setzten sie an den reissenden Berg, Pfeiffer aber an die Wegscheide bei der Schadeberger Warte, als man nach Bollstedt gehet“. Die Berichte von dem starken Wassertrinken des Allstedters kurz vor der Hinrichtung gehören ebenso in den Bereich der Legende wie die von Luther 1531 bei Tisch erzählte Geschichte von dem ausgetretenen Pfad zu der Stelle, wo man Müntzers Haupt zur Warnung auf eine Stange gesteckt hatte.

ANMERKUNGEN

[1] Die kurze Darstellung geht von der theologischen Grundhaltung Müntzers und seinem sich entwickelnden Selbstverständnis als „Knecht Gottes" aus, der die von Gott gewollte Erneuerung der apostolischen Kirche durch eine im wahren Glauben tatbereite Christenheit jetzt und hier ins Werk setzen muß. Sie zeigt auf, wie das Sich-Versagen der von den Wittenberger Theologen gestützten reformatorisch gesinnten Fürsten und die Unterdrückung des Evangeliums durch die altgläubigen Gewalten den von prophetischem Geiste erfüllten Gottesknecht über den passiven Widerstand und eine „fügliche Empörung" im Bunde mit dem „gotthörigen Volke" schrittweise bis zum Aufruhr gegen die Gottesfeinde weiterdrängt, der ihn zu einer führenden Gestalt in der thüringisch-sächsischen Erhebung werden läßt. Für die Einzeluntersuchung und Begründung dieser Darstellung zumal in der Auseinandersetzung mit der marxistischen Müntzer-Interpretation verweise ich auf meine soeben im gleichen Verlag erschienene Biographie: Thomas Müntzer. Leben und Werk.

[2] G. Franz, Thomas Müntzer. Schriften und Briefe. Kritische Gesamtausgabe. Hrsg. v. Günther Franz. Quellen und Forschungen zur Reformationsgeschichte 33. Gütersloh 1968 (= Franz, MG), S. 495, 9–12.

[3] Ebd. Briefwechsel Nr. 7–9.

[4] Ebd. S. 361, 10.

[5] Ebd. S. 359 f.

[6] Luthers Werke. Weimarer Ausgabe (= WA) Briefe II, S. 211, 53 ff.

[7] Franz, MG, S. 514 These 17.

[8] Ebd. Briefwechsel Nr. 367.

[9] J. K. Seidemann, Thomas Müntzer. Eine Biographie. Nach den im Königlich Sächsischen Hauptstaatsarchiv zu Dresden vorh. Quellen bearbeitet. Dresden-Leipzig 1842 (= Seidemann, Th. Müntzer), S. 110.

[10] WA. X, 3, S. 266.

[11] Franz, MG, S. 504, 18 f.

[12] Ebd. S. 494, 21 ff.

[13] Ebd. S. 384, 30.

[14] Ebd. S. 382, 1 ff.

[15] Ebd. S. 164, 23 f.

[16] Ebd. S. 162, 20–24.

[17] Ebd. S. 22, 21 f.

[18] Ebd. S. 22, 16 f.

[19] Ebd. S. 390, 8–12.

[20] Ebd. S. 391, 28 f.: Conservet te dominus et veterem dilectionem renova.

[21] Ebd. S. 225–240. Protestation = Bezeugung; empietung = erklärende Nachweisung.
[22] Ebd. S. 234, 2–10.
[23] Ebd. S. 237, 21–238, 3.
[24] Ebd. S. 237, 7–19.
[25] Ebd. S. 217–224. Zur gleichzeitigen, nicht von Müntzer geschriebenen Handschrift vgl. ebd. S. 569 f. Dort auch Spalatins Fragen abgedruckt.
[26] WA VII, S. 546, 24–29.
[27] Franz, MG, S. 546, 12 ff.
[28] Ebd. S. 404 ff. Rat und Gemeinde zu Allstedt an Herzog Johann von Sachsen, 7. Juni 1524.
[29] Vgl. zu den Juni-Aktionen: Zur Geschichte des Bauernkrieges im Thüringischen und Mansfeldischen (Abdruck von Briefen aus dem Ernestinischen Gesamtarchiv zu Weimar). Hrsg. v. E. Förstemann. Neue Mitteilungen aus dem Gebiet historisch-antiquarischer Forschungen 12. 1868 (= Förstemann, Bauernkrieg), S. 150–169; 215.
[30] Herzog Johann und sein Sohn Kurprinz Johann Friedrich.
[31] Franz, MG, S. 241–263. Auslegung des anderen Unterschieds Danielis.
[32] C. Hinrichs, Luther und Müntzer. Ihre Auseinandersetzung über Obrigkeit und Widerstandsrecht. Arbeiten zur Kirchengeschichte 29. 2. Aufl. Berlin 1962 (= Hinrichs, L. u. M.), S. 57.
[33] Ebd. S. 37.
[34] Ebd. S. 62.
[35] Ebd. S. 63.
[36] Ebd. S. 45.
[37] Ebd. S. 45.
[38] Franz, MG. Briefwechsel Nr. 53 vom 15. 7. 1524; dazu Nr. 54 u. 55.
[39] Förstemann, Bauernkrieg, S. 171–182.
[40] Ebd. S. 180.
[41] Franz, MG. Briefwechsel Nr. 58 u. 59. Müntzer an Zeiß.
[42] Ebd. S. 422, 26–34.
[43] Hinrichs, L. u. M., S. 74.
[44] Franz, MG, S. 422, 37–423,7.
[45] Hinrichs, L. u. M., S. 72.
[46] Dazu Förstemann, Bauernkrieg, S. 182–186.
[47] WA XV, S. 210–221.
[48] Förstemann, Bauernkrieg, S. 188.
[49] Ebd. S. 187.
[50] Ebd. S. 187.
[51] Franz, MG, S. 430 ff.
[52] Ebd. S. 432.
[53] Förstemann, Bauernkrieg, S. 203.
[54] Ebd. S. 201.
[55] Franz, MG, S. 424, 16–21.
[56] Ebd. Briefwechsel Nr. 49.

[57] Franz, MG, S. 267 B–319 B.
[58] Ich halte B für die zuerst entstandene, zur Zensur vorgelegte, A für eine nach dem 3. August für den Druck umgearbeitete Fassung. Vgl. dazu ebd. S. 265 f.
[59] Ebd. S. 313 A, 17–26.
[60] Ebd. S. 275 A, 23–34.
[61] Ebd. S. 270 A, 21 ff.
[62] Akten zur Geschichte des Bauernkrieges in Mitteldeutschland II. Hrsg. v. W. P. Fuchs. Jena 1942. Neudruck Aalen 1964 (= AGBM), S. 897 Anm. 2.
[63] WA XV, S. 238 f.
[64] Franz, MG, S. 436, 21–25.
[65] Ebd. Briefwechsel Nr. 70.
[66] J. K. Seidemann, Beiträge zur Geschichte des Bauernkrieges in Thüringen. – Die Unruhen zu Mühlhausen. Forschungen zur deutschen Geschichte XI. Göttingen 1871, S. 379. Vgl. dazu AGBM II, S. 47–50.
[67] Franz, MG, S. 450, 12–15.
[68] Ebd. S. 321–343.
[69] Ebd. S. 343, 13 f.
[70] Briefe und Akten zum Leben Ökolampads. Bearb. v. Ernst Staehelin. Quellen und Forschungen zur Reformationsgeschichte I. Leipzig 1927, S. 390; II. 1934, S. 21 f.
[71] Franz, MG, S. 544, 11–18.
[72] J. Loserth, Doctor Balthasar Hubmaier und die Anfänge der Wiedertaufe in Mähren. Brünn 1893, S. 212 f.
[73] Franz, MG, S. 335, 25–28.
[74] Quellen zur Geschichte des Bauernkrieges. Hrsg. v. Günther Franz. Ausgewählte Quellen zur deutschen Geschichte der Neuzeit (Freiherr-vom-Stein-Gedächtnisausgabe) II. München 1963, S. 235 f.
[75] Franz, MG, S. 549, 19 ff.
[76] Akten und Briefe zur Kirchenpolitik Herzog Georgs von Sachsen. Hrsg. v. Felician Gess. Aus den Schriften der Königlich Sächsischen Kommission für Geschichte 2. Leipzig-Berlin 1905–1917 (= Gess II), S. 79 f.
[77] Ebd. S. 81.
[78] Chronik der Stadt Mühlhausen in Thüringen 1. Hrsg. v. Reinhard Jordan. Mühlhausen 1900 (= Chronik Mühlhausen), S. 185 f.
[79] Gess II, S. 109, 6–13.
[80] Chronik Mühlhausen, S. 187.
[81] Franz, MG, Briefwechsel Nr. 75.
[82] Chronik Mühlhausen, S. 187.
[83] Franz, MG, S. 461,7.
[84] M. Bensing, Thomas Müntzer und der Thüringer Aufstand 1525. Berlin 1966, S. 173. – Bensings Bemühen, „seit Bestehen des Frankenhäuser Aufstandszentrums" ein intrigantes Widerspiel zwischen „entschiedenen, zu Müntzer neigenden und den gemäßigten, durch vom

Adel ins Lager entsandte Beauftragte unterstützten Kräften" nachzuweisen, hält einer kritischen Überprüfung nicht stand und verzeichnet die zweifellos vorhandenen Differenzen und Spannungen im Interesse einer Verifikation der von Engels aufgestellten Bauernkriegsthese. Vgl. die Einzelhinweise in meiner Biographie.

85 Franz, MG, Biefwechsel Nr. 88 u. 89.

86 Wie nahe kam Müntzer mit seinen Worten hier den etwa zur gleichen Zeit im Druck ausgehenden Äußerungen Luthers in der Schrift „Wider die räuberischen und mörderischen Rotten der Bauern": „Drumb sol hie zuschmeyssen, wurgen und stechen heymlich odder offentlich, wer da kan, und gedencken, das nicht gifftigers, schedlichers, teuffelischers seyn kan, denn ein auffrurischer mensch". „Sölch wunderliche zeytten sind itzt, das eyn Furst den hymel mit blutvergissen verdienen kan, bas denn andere mit beten". „Drumb, lieben herren, loset hie, rettet hie, helfft hie, . . . Steche, schlahe, wurge hie, wer da kan, bleybstu druber tod, wol dyr, seliglichern tod kanstu nymer mehr vberkomen. Denn du stirbst ynn gehorsam göttlichs worts und befehls . . .".

87 Nach dem „Bekenntnis" im peinlichen Verhör des folgenden Tages soll er gesagt haben: „Habe das urtel uber Matern von Gehofen und dye andern graven Ernsts dyner gesprochen aus dem munde der gemeyne und habe darein gewilliget und habe das aus forcht gethan". Hat Müntzer hier vielleicht „Furcht Gottes" gesagt? Vgl. Biographie, S. 764.

88 Vgl. AGBM II, S. 887 ff. und 893–96.

89 Franz, MG, S. 472,7–11.

90 AGBM II, S. 378.

91 Ein glaubwürdige vnd warhafftige vnderricht . . . o. O. 1525, S. B II.

92 Ebd. S. B II.

93 Vgl. dazu meine Biographie.

94 WA Briefe III, S. 515,28.

95 Franz, MG, S. 473 f.

96 Ebd. S. 550.

97 Gess II, S. 298 f.

98 A. Erichson, Straßburger Beiträge zur Geschichte des Marburger Religionsgesprächs. Zeitschr. f. Kirchengeschichte 4 (1881), S. 414–436.

99 Die Histori Thome Muntzers . . . Hagenau 1525, S. CCIII.

Walter Elliger
Thomas Müntzer

Leben und Werk

VIII, 842 Seiten, Leinen

Eine wissenschaftliche Biographie Thomas Müntzers hat eine empfindliche Lücke in der bisherigen Müntzer-Literatur zu schließen. Sie muß auf der Grundlage historisch-kritischer Forschung den äußeren Werdegang wie die innere Entwicklung eines Mannes darstellen, der als ein selbständiger Geist aus der Reformation Luthers hervorgegangen ist, aber sie in eigenwilliger Weise und schließlich im Widerspruch zu ihr zu radikaler Konsequenz hat drängen wollen, der in diesem Bestreben jedoch bald in Konflikt mit den politisch-gesellschaftlichen Ordnungsmächten seiner Zeit geriet und dabei zu einer führenden Gestalt in der Erhebung der mitteldeutschen Bauernschaft wurde. Ein Theologe also, der sich in einen politisch-sozialen „Revolutionär" verwandelte, wie es sich dem marxistischen Müntzer-Verständnis problemlos darstellt, oder wie es der nicht-marxistischen Müntzer-Forschung zu einem Problem wurde, das man in unterschiedlicher Weise zu lösen versuchte?

In eingehender Quellenanalyse zeichnet die vorliegende Arbeit ein geschlossenes Bild von dem „Knecht Gottes", dem es nach dem Durchbruch zu seiner besonderen religiösen Erkenntnis um nichts anderes ging als um die tatbereite Verwirklichung des göttlichen Willens, die „durch Gottes Vorherbestimmung gegründete Kirche Jesu von Nazareth" aufzurichten.